La teoria dei due semitoni

di Emanuele Di Mauro

Progetto grafico e realizzazione editoriale
a cura di Emanuele Di Mauro

Prima edizione, luglio 2015
Contatti :
+39 392 50 27 950
emanuele.dimauro@gmail.com

A mio padre che senza saperlo
mi ha regalato un pezzo di legno di valore inestimabile

A mia madre che mi ascoltava di nascosto

A Dario che di musica mi ha nutrito e svezzato

A Zaira e alle nostre canzoni

A Giorgio, sotto il palco, per avermi supportato e incoraggiato

Ai "Puzzle Mediterraneo" e ai nostri amati garages

Sommario

1. Introduzione

Quando mi misi in mano una chitarra avevo circa 8 anni. Subito cominciai a prendere confidenza con quello strano oggetto misterioso e cercando di produrre qualche suono "armonico" buttai giù la mia prima composizione.

Non sapevo nulla della musica, né come si chiamavano gli accordi, né cosa fosse una tonalità. Questo primo arpeggio insisteva sugli accordi seguenti :

DO minore | SOL7 | DO | LA minore | MI7

Il giro poi si ripeteva all'infinito cambiando solo l'arpeggio.

Mi piaceva, e quando arrivavo al DO maggiore percepivo qualcosa di strano, che mi affascinava molto, un cambiamento, una specie di apertura musicale. Una sensazione simile arrivava quando dal MI si tornava al Dom. Ma non ero convinto che questo giro di accordi si potesse fare. Temevo che fosse addirittura proibito !

Andai allora da mio padre, gli feci sentire questi accordi e chiesi se tutto questo fosse giusto o sbagliato.

Mio padre mi rispose chiedendomi : "A te piace ? Se ti piace è giusto."
Mi si aprì un mondo.

Avevo appena scoperto che sebbene nella musica ci dovessero essere delle regole, quello che contava di più era ciò che la musica mi comunicava.

Andai avanti con la chitarra, studiai un po' di solfeggio, mi imbattei nei primi studi di chitarra classica.

Però la mia ossessione era ancora lì. Ci doveva pure essere una regola dalla quale tutta la musica traeva origine, una specie di legge matematica, qualcosa che spiegasse quelle regole così rigide, o quanto meno le giustificasse. Erano i primi anni di liceo.

Col tempo lasciai la musica classica. Erano gli anni della mia band di rock progressive, mi posi allora il problema di fare gli assoli di chitarra, era obbligatorio per un chitarrista rock.

Anche lì cercai di capire quale relazione ci potesse essere fra una successione di accordi e la scala che dovevo (o potevo) utilizzare, e scoprii il concetto di tonalità.

Fantastico ! Anche se si suonavano 3, 4 o 5 accordi la scala da usare era sempre la stessa. Poi però succedeva qualcosa, arrivavano altri accordi "diversi" e bisognava cambiare la scala, era cambiata la tonalità !

Tutto piuttosto lineare, cerchiamo sta cavolo di tonalità e il gioco è fatto. Anche se rimaneva sempre il dubbio che tutto ciò doveva pur avere origine da qualcosa, ci doveva essere una spiegazione scientifica o matematica. Ma sembrava che tutto funzionasse così.

Venne poi il periodo della band di musica bossa nova e del mio avvicinarmi al Jazz. Tutto si complicava, un accordo potevi interpretarlo e suonarlo con scale diverse. Non mi è mai andato giù lo studio dei modi (dorico, locrio...)... ma in fondo si voleva dire che se prendi un accordo questo può essere interpretato diversamente e quindi sullo stesso accordo puoi suonare tante scale diverse che vestono quell'accordo di un senso musicale ben diverso.

Anche lì però non riuscii a trovare soddisfazione da queste teorie armoniche che certo funzionavano, ma sembravano piovute dal cielo.

Per inciso, non riuscii mai a suonare il jazz come si deve, sebbene sia una musica rivoluzionaria e davvero innovativa. Sarà stata una questione di limiti miei musicali, ma questo in fondo ha poca importanza. I miei limiti di musicista mi hanno poi spinto a fare lo sforzo teorico per agganciare la musica ai numeri.

E ora passiamo a questo piccolo saggio che vi proporrà una teoria molto semplice dalla quale deriva qualsiasi tipo di struttura armonica (che presunzione!) e capace di spiegare ogni tipo di utilizzo di scale su griglie di accordi.

Piccola raccomandazione. Il libro è piuttosto un libricino, ma è comunque denso. Sarebbe quindi opportuno, piuttosto che leggerlo tutto di un fiato, provare ad applicare di volta in volta ogni singola parte teorica. Così facendo si avrà modo di digerire e applicare il metodo in maniera progressiva, a partire dalla costruzione delle scale su un singolo accordo, passando dall'individuazione di scale comuni su più accordi, sino all'individuazione dei passaggi tonali e alla scelta delle scale da utilizzare nel passaggio fra un centro tonale ed un altro.

Per questo verranno proposti degli ateliers che potrete realizzare alla fine di ogni sezione del libro.

Teoria

Cominciamo questo piccolo manuale con questa prima sezione dedicata alla teoria che chiamerò per semplicità "La teoria dei due semitoni".

Lo scopo principale di questa sezione è quello di mostrare le basi della teoria, mediante l'applicazione di due principi che come vedremo ci permetteranno poggiare le fondamenta di ogni sviluppo successivo.

Qual'è lo scopo finale di questa teoria ?

Beh, in sostanza e detto in parole povere, si tratta di capire come possiamo sviluppare una melodia a partire da una qualsiasi griglia armonica. Ancora più semplicemente, questa teoria risponde ad una domanda : quali sono le scale che possiamo usare su una qualsiasi successione di accordi ?

Il metodo è tale da poter essere implementato tramite il calcolo computerizzato. Ma con una semplice scheda da stampare (oppure con della semplice carta a quadratini), possiamo applicare il metodo a mano e in maniera molto semplice, tramite l'uso di una matita e una gomma. Mi sono anche divertito ad immaginare un gioco da tavolo con scacchiera e pedine.

Durante la parte teorica verrà fatto qualche piccolo richiamo alle teorie classiche dell'armonia. Questo per fare in modo che il risultato atteso venga poi confermato, mostrando come le scale ottenute dal metodo (su una qualsiasi griglia di accordi) siano in effetti quelle che ci potevamo aspettare. La conoscenza dell'aromia classica non è comunque necessaria, ma è preferibile che si abbia comunque una buona conoscenza degli accordi e della loro nomenclatura.

2. Suonare su un accordo

Quando si suona su un accordo fatto da 3 o più note la prima cosa che ci chiediamo in generale è : "questo accordo da dove è venuto fuori?".

Un accordo è come una frase che isolata non ci dice molto, a meno che non siamo noi a dargli un contesto. Se io dico : "Il cielo è blu e oggi fa caldo", questa frase potrebbe continuare così... " e quindi non vedo l'ora di andare a mare"; oppure "... e quindi me ne vado in montagna perché io non sopporto i raggi del sole che fanno male alla mia pelle".

Insomma se sbatti sul tavolo un DO, chi è questo accordo ? Dalla teaoria classica dell'armonia sappiamo che lo si può suonare in tonalità di DO, ma potresti anche interpretarlo come il 5 grado della scala di FA e quindi suonare in FA. In realtà le teorie classiche vedono l'accordo di DO come un insieme di note costruite sulla scala di DO (prima, terza e quinta nota della scala).

Ma il DO potrebbe anche essere suonato in tonalità di MI minore, perché questo stesso accordo si può ottenere dalla scala di MI minore utilizzando la sesta (DO), la prima (MI) e la terza nota (SOL) di questa scala. Non stiamo qui a enumerare tutte le possibilità, ma una cosa è certa : qualsiasi sia la tonalità che scegliamo per il nostro {DO MI SOL} la sensazione che avremo per questo stesso accordo sarà diversa.

Il primo problema che ci poniamo è dunque il seguente : come facciamo a sapere quali sono tutti i modi di suonare l'accordo di DO o di qualsiasi alro accordo ?

Per questo passiamo al teorema dei due semitoni e cerchiamo di capire come rigirare la frittata. Come vedremo avverrà un'inversione di prospettiva modificando il punto di partenza (non più la scala, ma l'accordo) con il punto di arrivo (non più gli accordi, ma le scale).

Questo teorema è una spiegazione logica della musica e delle relazioni fra gli accordi e le scale, che potrebbe aiutare chi comincia a porsi delle domande sull'utilizzo delle scale, ma anche il musicista affermato che vuole cercare nuove vie espressive. Ma soprattutto questo approccio tende ad unificare la visione musicale utilizzando un metodo semplice, riproducibile, non rigido, dai risultati certi e capace di affrontare generi musicali anche molto diversi.

3. Il principio dei due semitoni

Veniamo al dunque. Dato un accordo qualsiasi, composto da più note, tutte le scale che possono essere suonate su questo accordo devono rispettare le tre regole seguenti :

1) La scala deve contenere tutte le note dell'accordo

2) Tre note consecutive della scala non possono essere contenute in 2 semitoni.

3) Le note della scala devono essere distanti 3 semitoni al massimo l'una dall'altra.

Il punto 1) è ovvio.

Il punto 2) è invece la base di tutto questo piccolo saggio.

Il punto 3) è meno importante, lo vedremo più tardi. E in ogni caso è una sorta di corollario. Infatti se fra due note c'è un intervallo di 2 toni si può sempre aggiungere una nota al centro distante un tono dalle altre note e questo in pieno accordo col punto 2).

D'ora in poi chiameremo i punti 1), 2) e 3), rispettivamente, primo principio, secondo principio (oppure principio dei due semitoni) e terzo principio armonico.

Possiamo esprimere il secondo principio armonico in altre parole :

- Tre note consecutive della scala non possono essere spaziate l'una rispetto all'altra di 1 semitono

14

- L'intervallo fra 3 note consecutive della scala deve essere al minimo di un tono e mezzo

- Se fra una nota "X" e l'altra "Y" della scala c'è un intervallo di un semitono allora la nota successiva a "Y" deve stare ad almeno un tono da "Y" e la nota che precede "X" deve stare ad almeno un tono da "X"

- SE X1, X2, X3, X4 sono quattro note consecutive della scala e X2 e X3 distano fra loro un semitono allora l'intervallo X1->X4 deve essere di almeno 2 toni e mezzo.

Il tri-semitono

Daremo adesso una definizione importante che utilizzeremo molto spesso più in là.

Definiamo un *tri-semitono* la successione di tre note distanti l'una dall'altra di un semitono. Per esempio MI – FA – FA# è un tri-semitono.

Possiamo a questo punto esprimere il secondo principio armonico nel modo seguente :

> *"Le scale che possono essere suonate su un accordo qualsiasi non devono contenere un trisemitono"*

Da dove è nato il principio dei due semitoni ?

Si sa, un principio non è dimostrabile è per l'appunto un punto di inizio, una specie di assioma. Ma esso trova sempre le ragioni dall'osservazione della realtà. In effetti un principio non si dimostra, al limite si può smentire.

Ricordo che un giorno suonando il pianoforte (lo suono malissimo...) feci un accordo di DO e mi chiesi : "Per fare passare da queste note una scala cosa devo fare ?". Guardando la tastiera mi sembrava evidente che le note della scala dovevano passare dal DO, il MI e il SOL. Allora guardai gli intervalli fra una nota e l'altra dell'accordo e mi chiesi : "dopo il MI posso mettere il FA, ma anche il FA#. Potrei disporre nella scala contemporaneamente il il FA e il FA# ?"

Allora vidi queste tre note consecutive : MI, FA e FA# e mi dissi che non potevano esserci tre note consecutive distanti l'una dall'altra un solo semitono. Ma poi pensai "No, non può essere, i cromatismi nella musica sono più che leciti...". Certo, in effetti... ma questo non vuol dire che i cromatismi debbano far parte di una scala. Pensai alla scala Blues con quei maletti tre semitoni l'uno dietro l'altro e mi dissi che questa teoria non poteva funzionare.

"E se quella scala blues in realtà non fosse una vera scala, ma solo un modo di suonare una pentatonica, abbellendola con un cromatismo?"

Io il Blues non l'ho mai amato fra l'altro, e odio le pentatoniche blues.

Dunque mi dissi : "da dove viene fuori questo fatto che la scala incrociandosi con l'accordo non deve produrre tre note distanti un semitono l'una dall'altra ?".

Allora pensai a tutti gli accordi possibili e non ne trovai nemmeno uno che avesse una ripetizione cromatica di 3 note una dietro l'altra.

Anche il temutissimo accordo di tredicesima (con la terza maggiore, la settima minore, la quinta bemolle e la quinta maggiore e la nona bemolle e nona maggiore) non dava luogo a quello strano cromatismo.

Dunque mi dissi che se nessun accordo contiene tre note cromatiche allora nemmeno la scala suonata su quell'accordo le può contenere. Certo un fatto che cadeva dal cielo, un principio appunto.

Andando avanti con questo piccolo saggio vedremo quali conseguenze hanno questi tre principi e come a partire da essi si possano prevedere e calcolare relazioni armoniche e melodiche molto complesse.

Un approccio diverso ?

Prima di continuare vorrei attirare la vostra attenzione su un fatto decisamente importante. Non notate nulla di strano su questi tre principi armonici ? Cosa c'è di diverso rispetto ad un approccio classico ?

Pensateci... nelle teorie dell'armonia si parte sempre dalla scala (o per meglio dire dalle scale) e si costruiscono gli accordi sulle varie note della scala, per ottenere infine tutti gli accordi possibili. Se prendiamo la scala di DO possiamo "farla partire" dal RE, dal MI... e poi costruire gli accordi utilizzando per esempio la terza e la quinta, ottenendo il Re minore, MI minore, FA maggiore...

Ma perché si parte dalla scala ? E in generale cos'è una scala e da dove viene fuori ? Non mi addentro troppo in queste questioni, che hanno a che fare anche con la fisica acustica, mi limito a dire che le 12 note che abbiamo a disposizione vengono fuori dallo sviluppo delle armoniche di una qualsiasi frequenza e che nel nostro sistema queste 12 note sono state leggermente modificate per far si che l'intervallo in frequenza fra ognuna di esse sia sempre lo stesso, per l'appunto un semitono.

Partire da una scala e costruire gli accordi è un fatto arbitrario, non c'è un motivo preciso, diciamo però che è il modo più naturale di procedere. Pensiamo al semplice fatto che la voce umana, non essendo polifonica, non puo' riprodurre gli accordi, ma solamente una melodia, e che se cantiamo una linea melodica e vogliamo accompagnarla con uno strumento polifonico il quesito che ci poniamo è certamente : "quali sono gli accordi giusti per questa melodia?".

Nel nostro nuovo approccio invece si parte dall'accordo, un insieme di note suonate contemporaneamente, e il nostro quesito è invertito : "Quali sono le scale che possiamo suonare su questo accordo?". Se poi suoniamo una sequenza di accordi la domanda che ci poniamo diventa la seguente : "Esiste una scala che va bene per tutti questi accordi, oppure dobbiamo cambiare scala durante lo sviluppo armonico con l'arrivo di un dato accordo?".

Si tratta di un approccio diverso, prima il punto di partenza era la scala o le scale, adesso il nostro punto di partenza è l'accordo o gli accordi. Una specie di rivoluzione copernicana dell'armonia : non sono gli accordi a girare attorno alle scale, ma viceversa, gli accordi stanno al centro e le scale si ottengono di conseguenza.

Un accordo è in effetti un vincolo più o meno forte, a seconda del numero di note che lo compongono, e non esiste in genere una sola scala, ma tante scale possibili che possono suonare bene su quell'accordo. Il fatto di avere più accordi in sequenza non fa altro che aumentare i vincoli a cui le scale sono soggette, e come ben vedremo, il principio dei due semitoni ci permetterà di individuare eventuali cambi di tonalità.

Intanto partiamo da qualche esempio che vi farà capire un po' meglio come si applicano questi tre principi armonici.

Esempio 1

Facciamo un esempio partendo dall'accordo di DO.

La tabella seguente è composta da 12 colonne che rappresentano i 12 semitoni, dalla nota di DO alla nota di SI.

La prima riga mostra tutte le 12 note cromatiche, la seconda riga le note dell'accordo di DO.

DO	DO#	RE	MIb	MI	FA	FA#	SOL	SOL#	LA	SIb	SI
DO				MI			SOL				
X				X			X				

La terza riga mostra le note delle scale che possiamo ottenere rispettando la regola dei due semitoni. La X mostra i vincoli della scala ottenuti dal primo principio armonico (La scala deve contenere tutte le note dell'accordo).

A questo punto possiamo passare al secondo principio armonico e aggiungere le note della scala.

Per esempio aggiungiamo il DO# :

DO	DO#	RE	MIb	MI	FA	FA#	SOL	SOL#	LA	SIb	SI
DO				MI			SOL				
X	**X**			X			X				

Adesso non possiamo aggiungere il RE perché altrimenti andrebbe in contraddizione con il principio dei 2 semitoni. Si avrebbero infatti in tal caso 3 note consecutive distanti 2 semitoni.

Se mettiamo dunque il DO# possiamo continuare solo con il MIb, oppure possiamo non mettere nulla fra il DO# e il MI (il terzo principio armonico ci diche che fra una nota e l'altra della scala possiamo avere al massimo tre semitoni).

Proviamo quindi a mettere il MIb :

DO	DO#	RE	MIb	MI	FA	FA#	SOL	SOL#	LA	SIb	SI
DO				MI			SOL				
X	X		**X**	X			X				

In tal caso non possiamo più mettere il FA altrimenti avremmo un tri-semitono, possiamo invece aggiungere alla scala il FA# :

DO	DO#	RE	MIb	MI	FA	FA#	SOL	SOL#	LA	SIb	SI
DO				MI			SOL				
X	X		X	X		X	X				

Adesso attenzione, ci stiamo avvicinando al SI che non può essere utilizzato in quanto avendo preso il DO# se utilizzassimo il SI andrebbe in contraddizione con il principio dei due semitoni. Dopo il SOL del resto non possiamo mettere il SOL# per la stessa ragione. Abbiamo dunque due scelte : il LA oppure il SIb. Da notare che possiamo certamente scegliere tutte e due le note (LA e SIb) in quanto questo non contraddice il principio dei due semitoni e anzi è la scelta più naturale se vogliamo evitare di avere una scala contenente intervalli fra le note di un tono e mezzo.

Scegliendo quindi di aggiungere il LA e il SIb otteniamo una scala che contiene delle note spaziate fra loro di un tono oppure un semitono.

Le scale che contengono intervalli fra due note successive di 3 semitoni sono anch'esse interessanti e hanno un effetto arabeggiante (scale diminuite, minori melodiche...) .

Aggiungendo il LA e il SIb otteniamo dunque la scala seguente :

DO	DO#	RE	MIb	MI	FA	FA#	SOL	SOL#	LA	SIb	SI
DO				MI			SOL				
X	X		X	X		X	X		X	X	

Qualcuno riconoscerà in essa la scala semitono tono. Questa scala funziona anche se suoniamo un accordo di DO7 :

DO	DO#	RE	MIb	MI	FA	FA#	SOL	SOL#	LA	SIb	SI
DO				MI			SOL			SIb	
X	X		X	X		X	X		X	**X**	

E questo perché per il primo principio armonico la scala deve contenere le note dell'accordo.

Invece, non potremmo applicare questa scala all'accordo di DOMaj7 in quanto in questa ipotesi e volendo aggiungere il SI alla scala otterremmo :

DO	DO#	RE	MIb	MI	FA	FA#	SOL	SOL#	LA	SIb	SI
DO				MI			SOL				SI
X	**X**		X	X		X	X		**X**	**X**	**X**

Cosa che comporterebbe addirittura 5 note consecutive su un intervallo di 4 semitoni in contraddizione col secondo principio armonico (ovviamente bisogna sempre considerare l'aspetto ciclico e dopo il SI riprendere dal DO, DO# etc.).

Esempio 2

Facciamo adesso giustamente un esempio con il DOMaj7, e disponiamo subito le note della scala in base al primo principio armonico :

DO	DO#	RE	MIb	MI	FA	FA#	SOL	SOL#	LA	SIb	SI
DO				MI			SOL				SI
X				X			X				X

Dopo il DO non possiamo mettere il DO# in quanto ci sarebbero in sequenza SI, DO, DO#. Siamo quindi obbligati a mettere il RE :

DO	DO#	RE	MIb	MI	FA	FA#	SOL	SOL#	LA	SIb	SI
DO				MI			SOL				SI
X		**X**		X			X				X

Dopo il MI possiamo scegliere indifferentemente il FA oppure il FA#, per esempio scegliamo il FA# :

DO	DO#	RE	MIb	MI	FA	FA#	SOL	SOL#	LA	SIb	SI
DO				MI			SOL				SI
X		X		X		**X**	X				X

In tal caso non possiamo più utilizzare il SOL# e dobbiamo necessariamente utilizzare il LA :

DO	DO#	RE	MIb	MI	FA	FA#	SOL	SOL#	LA	SIb	SI
DO				MI			SOL				SI
X		X		X		X	X		**X**		X

Si ottiene in effetti la scala di SOL. L' altra sola possibilità era di mettere il FA invece che il FA# :

DO	DO#	RE	MIb	MI	FA	FA#	SOL	SOL#	LA	SIb	SI
DO				MI			SOL				SI
X		X		X	X		X		**X**		X

Si ottiene quindi la scala di DO.

Abbiamo quindi già trovato due maniere diverse di suonare un accordo di DOMaj7 : utilizzando la scala di SOL o la scala di DO.

⚠ Ovviamente la creatività del musicista può spaziare e approdare su modi di suonare "non standard", effettuando cromatismi (e quindi non rispettando il secondo principio armonico), oppure suonando totalmente "fuori" e senza rispettare in primo principio armonico. Ma questa libertà espressiva va oltre questo studio che si pone come obbiettivo quello di analizzare un modo "standard" di creare una relazione fra gli accordi e le scale.

⚠ Attenzione! In questa fase non ci stiamo ponendo il problema di capire il senso di un accordo rispetto ad altri accordi suonati in successione. Per il momento, il nostro scopo è quello di suonare un solo accordo e capire come questo accordo può essere interpretato con una scala appropriata.

Esempio 3

Analisi del MI7. Partendo dal primo principio armonico :

DO	DO#	RE	MIb	MI	FA	FA#	SOL	SOL#	LA	SIb	SI
		RE		MI				SOL#			SI
		X		X				X			X

Passiamo al secondo principio armonico e cominciamo dal DO (notate che questa scelta è assolutamente arbitraria) :

DO	DO#	RE	MIb	MI	FA	FA#	SOL	SOL#	LA	SIb	SI
		RE		MI				SOL#			SI
X		X		X				X			X

Non possiamo aggiungere il DO# perché otterremmo il tri-semitono DO-DO#-RE.

Per lo stesso motivo non possiamo aggiungere il MIb. Invece possiamo aggiungere il FA :

DO	DO#	RE	MIb	MI	FA	FA#	SOL	SOL#	LA	SIb	SI
		RE		MI				SOL#			SI
X		X	X	**X**				X			X

A questo punto possiamo andare avanti certamente con il SOL :

DO	DO#	RE	MIb	MI	FA	FA#	SOL	SOL#	LA	SIb	SI
		RE		MI				SOL#			SI
X		X	X	X		**X**		X			X

Nessuna altra nota può essere aggiunta. Infatti il LA creerebbe una successione di 3 note spaziate un semitono ognuna, e analogamente il SIb produrrebbe SIb, SI, DO.

La scala ottenuta è molto particolare, e produce un effetto arabeggiante. Possiamo ovviamente ottenere altre scale, per esempio se utilizziamo il DO#, potremmo a questo punto aggiungere anche il SIb :

DO	DO#	RE	MIb	MI	FA	FA#	SOL	SOL#	LA	SIb	SI
		RE		MI				SOL#			SI
	X	X		X	X		**X**	X		X	X

E ritorniamo alla scala semitono tono.

Ci sono molte altre possibilità. Per esempio :

DO	DO#	RE	MIb	MI	FA	FA#	SOL	SOL#	LA	SIb	SI
		RE		MI				SOL#			SI
	X	X		X		X		X		X	X

Si tratta della scala di SI maggiore alterata con la terza minore. In pratica una scala di SI minore melodica (si chiama anche scala di SIb superlocria, ma questo a noi interessa poco, più che la definizione a noi interessano le note che la compongono).

⚠ Certe volte un accordo può essere suonato privato di una delle sue note. Questo ovviamente ne aumenta le possibilità espressive, in quanto aumentano le combinazioni che si possono ottenere col principio dei due semitoni.

Per esempio immaginiamo di voler suonare l'accordo di MI7 senza utilizzare la quinta (il SI). Si ottiene dunque :

DO	DO#	RE	MIb	MI	FA	FA#	SOL	SOL#	LA	SIb	SI
		RE		MI				SOL#			
		X		X				X			

Questo accordo può svilupparsi nello stesso modo del precedente :

DO	DO#	RE	MIb	MI	FA	FA#	SOL	SOL#	LA	SIb	SI
		RE		MI				SOL#			
X		X		X	X		X	X			

A questo punto non essendoci il SI possiamo aggiungere il SIb :

DO	DO#	RE	MIb	MI	FA	FA#	SOL	SOL#	LA	SIb	SI
		RE		MI				SOL#			
X		X		X	X			X		X	

Si ottiene una scala di FA minore melodica, o di MI superlocria che dir si voglia.

Esempio 4

Accordo di FA diminuito, con le note della scala obbligate :

DO	DO#	RE	MIb	MI	FA	FA#	SOL	SOL#	LA	SIb	SI
		RE			FA			SOL#			SI
		X			X			X			X

Partendo dal DO si ottiene per esempio :

DO	DO#	RE	MIb	MI	FA	FA#	SOL	SOL#	LA	SIb	SI
		RE			FA			SOL#			SI
X		X	X		X	X		X		X	X

Partendo dal DO# :

DO	DO#	RE	MIb	MI	FA	FA#	SOL	SOL#	LA	SIb	SI
		RE			FA			SOL#			SI
	X	X		X	X		X	X		X	X

Le due scale sono entrambe semitono tono.

Atelier

In questo atelier verranno proposti dei singoli accordi e potrete cominciare a costruire le vostre prime scale basandovi sul primo e secondo principio armonico.

Il modo con cui costruirete le scale deve essere tale che non possano comparire tre note consecutive distanti un semitono l'una dall'altra. Per ogni accordo avete a disposizione quattro linee che potranno corrispondere a 4 diverse scale.

Potete utilizzare una matita e una gomma con le quali scriverete o cancellerete le crocette per metterle al posto giusto.

L'ideale sarebbe poi di provare queste scale concretamente col vostro strumento.

Vi consiglio di tentare varie possibilità, comprese quelle relative a scale arabeggianti che comprendono intervalli di un tono e mezzo fra una nota e l'altra della scala.

Potete infine scrivere voi stessi gli accordi che preferite testare oppure utilizzare un altro supporto per esercitarvi ulteriormente.

Accordo	DO	DO#	RE	MIb	MI	FA	FA#	SOL	SOL#	LA	SIb	SI
SOL			♩					♩				♩
			X					X				X
			X					X				X
			X					X				X
			X					X				X

Accordo	DO	DO#	RE	MIb	MI	FA	FA#	SOL	SOL#	LA	SIb	SI
SOLm			♩					♩			♩	
			X					X			X	
			X					X			X	
			X					X			X	
			X					X			X	

Accordo	DO	DO#	RE	MIb	MI	FA	FA#	SOL	SOL#	LA	SIb	SI
LA7		♩			♩			♩		♩		
		X			X			X		X		
		X			X			X		X		
		X			X			X		X		
		X			X			X		X		

28

Accordo	DO	DO#	RE	MIb	MI	FA	FA#	SOL	SOL#	LA	SIb	SI
DOMaj7	♩				♩			♩				♩
	X				X			X				X
	X				X			X				X
	X				X			X				X
	X				X			X				X

Accordo	DO	DO#	RE	MIb	MI	FA	FA#	SOL	SOL#	LA	SIb	SI
SOLdim		♩			♩			♩			♩	
		X			X			X			X	
		X			X			X			X	
		X			X			X			X	
		X			X			X			X	

Accordo	DO	DO#	RE	MIb	MI	FA	FA#	SOL	SOL#	LA	SIb	SI
Mim Maj7				♩	♩			♩				♩
				X	X			X				X
				X	X			X				X
				X	X			X				X
				X	X			X				X

Accordo	DO	DO#	RE	MIb	MI	FA	FA#	SOL	SOL#	LA	SIb	SI

Accordo	DO	DO#	RE	MIb	MI	FA	FA#	SOL	SOL#	LA	SIb	SI

Accordo	DO	DO#	RE	MIb	MI	FA	FA#	SOL	SOL#	LA	SIb	SI

Accordo	DO	DO#	RE	MIb	MI	FA	FA#	SOL	SOL#	LA	SIb	SI

Accordo	DO	DO#	RE	MIb	MI	FA	FA#	SOL	SOL#	LA	SIb	SI

Accordo	DO	DO#	RE	MIb	MI	FA	FA#	SOL	SOL#	LA	SIb	SI

4. Analisi approfondita

Si potrebbe con la stessa tecnica cercare ogni tipo di scala possibile per ogni tipo di accordo. Ovviamente non è cosa semplice fare questo calcolo armati di sola matita e gomma, anche se l'approccio manuale è comunque interessante per entrare nel meccanismo del metodo. A seconda dell'accordo possiamo però avere molte scale possibili e differenti combinazioni legate ad un albero di possibilità scaturito dalla prima nota aggiunta.

Tutto questo ovviamente è facilmente riproducibile mediante analisi assistita da software informatico.

Implementare il software è semplice, basta applicare i principi n°1 e n°2 e lanciare un algoritmo che esplori ogni possibile albero di scale.

Ecco riportati qui di seguito degli esempi basati sui tipi di accordi in genere utilizzati (minore, maggiore, maggiore settima...), e costruiti sulla tonica di DO.

E' chiaro che in questo ambito parliamo sempre di un singolo accordo e non di un insieme di accordi suonati in sequenza. Vedremo questi aspetti più in là.

Per il momento potete provare a lanciare una base con un solo accordo per suonare queste scale separatamente. Ovviamente svariate scale possono essere utilizzate in sequenza sullo stesso accordo, cosa che per forza di cose sposterà il centro tonale.

DO maggiore

	DO	DO#	RE	MIb	MI	FA	FA#	SOL	SOL#	LA	SIb	SI
	DO				**MI**			**SOL**				
1	X		X		X	X		X		X		X
2	X		X		X		X	X		X		X
3	X		X		X		X	X		X	X	
4	X		X		X	X		X		X	X	
5	X		X		X	X		X	X		X	
6	X	X		X	X		X	X		X	X	
7	X			X	X		X	X		X		X
8	X	X			X	X		X	X		X	

Abbiamo quindi 8 scale possibili. La scala n°1 è la scala di DO maggiore.
Le scale 7 e 8 sono particolari perché esistono degli intervalli fra due
note di 3 semitoni, sono delle scale arabeggianti.

DO7

	DO	DO#	RE	MIb	MI	FA	FA#	SOL	SOL#	LA	SIb	SI
	DO				**MI**			**SOL**			**SIb**	
1	X		X		X		X	X		X	X	
2	X		X		X	X		X		X	X	
3	X		X		X	X		X	X		X	
4	X	X		X	X		X	X		X	X	
5	X	X			X	X		X	X		X	

Abbiamo quindi 5 scale possibili.

La scala 5 è arabeggiante.

Da notare che l'aggiunta della settima corrisponde ad un vincolo ulteriore rispetto all'accordo di DO. La tabella che si ottiene è quindi ottenibile a partire dalla tabella della scala di DO semplicemente eliminando le scale che non contengono il SIb.

Do minore

	DO	DO#	RE	MIb	MI	FA	FA#	SOL	SOL#	LA	SIb	SI
	DO			**MIb**				**SOL**				
1	X		X	X		X		X		X		X
2	X		X	X		X		X		X	X	
3	**X**		**X**	**X**		**X**		**X**	**X**		**X**	
4	X	X		X		X		X		X	X	
5	X	X		X		X		X	X	X		
6	X	X		X	X		X	X		X	X	
7	X		X	X		X		X	X			X
8	X		X	X			X	X		X	X	
9	X			X	X		X	X		X		X

La n°3 è la scala di DOm.

Ci sono 3 scale arabeggianti : 7,8 e 9. La scala n°7 è la scala minore armonica. La scala n° 8 è la scala di SOL minore armonica.

La scala n° 9 è la scala di MI minore armonica. In questo caso, implicitamente, il DO minore è suonato come un DOm6 in quanto la scala contiene il LA.

Do minore settima

	DO	DO#	RE	MIb	MI	FA	FA#	SOL	SOL#	LA	SIb	SI
	DO			**MIb**				**SOL**			SIb	
1	X		X	X		X		X		X	X	
2	X		X	X		X		X	X		X	
3	X	X		X		X		X		X	X	
4	X	X		X	X		X	X		X	X	
5	X		X	X			X	X		X	X	

Si ottengono 5 scale, la n°2 è la scala di DO minore, la scala n°5 è la scala di SOL minore armonica. Si è persa la scala di DO minore armonica.

⚠️ Come nel caso precedente l'aggiunta della settima corrisponde ad un vincolo ulteriore rispetto all'accordo di DO minore. La tabella che si ottiene è quindi ottenibile a partire dalla tabella della scala di DO minore semplicemente eliminando le scale che non contengono il SIb.

Do alterato

Prendiamo un accordo di DO7 al quale abbiamo aggiunto la terza minore, e tolto la quinta.

	DO	DO#	RE	MIb	MI	FA	FA#	SOL	SOL#	LA	SIb	SI
	DO			**MIb**	**MI**						SIb	
1	X	X		X	X		X		X		X	
2	X	X		X	X		X	X		X	X	

Otteniamo due scale : la prima è una scala do DO# minore melodica (DO superlocria). La seconda è una scala semitono tono.

DO 5+

	DO	DO#	RE	MIb	MI	FA	FA#	SOL	SOL#	LA	SIb	SI
	DO				**MI**				**SOL#**		**SIb**	
1	X		X		X		X		X		X	
2	X		X		X		X		X	X		X
3	X	X		X	X		X		X		X	
4	X		X		X	X		X	X		X	
5	X	X			X	X		X	X		X	
6	X	X		X	X		X		X	X		
7	X		X		X	X			X	X		X

DO7/5+

	DO	DO#	RE	MIb	MI	FA	FA#	SOL	SOL#	LA	SIb	SI
	DO				**MI**				**SOL#**		**SIb**	
1	X		X		X		X		X		X	
2	X	X		X	X		X		X		X	
3	X		X		X	X		X	X		X	
4	X	X			X	X		X	X		X	

DO diminuito

	DO	DO#	RE	MIb	MI	FA	FA#	SOL	SOL#	LA	SIb	SI
	DO			**MIb**			**FA#**			**LA**		
1	X	X		X	X		X	X		X	X	
2	X		X	X		X	X		X	X		X
3	X			X	X		X	X		X		X
4	X		X	X			X	X		X	X	
5	X	X		X		X	X			X	X	
6	X	X		X	X		X		X	X		

Ora basta...

Possiamo ovviamente continuare ad oltranza, ma servirebbe a ben poco.

Volevo solo mostrare che questi risultati ottenuti da un calcolo automatico che si basa sui principi n°1, n°2 e n°3 conducono alle stesse conclusioni e alle stesse scale, ben note nell'ambiente musicale.

5. La successione degli accordi

Suonando su un solo accordo abbiamo ben pochi vincoli da considerare, e tutte le scale che possiamo associare a questo accordo danno il senso all'accordo stesso.

Ma quando ci troviamo di fronte ad una successione di accordi le cose cambiano e di molto.

In effetti l'armonia convenzionale studia le relazioni fra gli accordi stabilendo il senso di ogni accordo in relazione con gli altri.

Possiamo per esempio suonare :

LAm | SOL

... e trovarci in tonalità di LA minore. Il SOL è quindi costruito sul settimo grado della scala di LAm. Questo nelle teorie dell'armonia classica è ben noto.

Certo, possiamo anche interpretare questa sequenza di accordi diversamente. Per esempio stiamo suonando in SOL. In questo caso il Lam è l'accordo costruito sul secondo grado della scala di SOL maggiore. Tutto questo è ben conosciuto.

Ma come possiamo fare astrazione di ciò, dimenticare queste regole e procedere con la teoria dei due semitoni senza scomodare nient'altro che il primo principio armonico e il secondo principio armonico prima evocati ?

Beh, la cosa è semplice. In effetti quando suoniamo un accordo, da solo, possiamo calcolare, come abbiamo fatto prima, tutte le scale associate.

38

La sequenza di più accordi non è altro che un vincolo supplementare che restringe le scale che possiamo suonare.

Per procedere ci sono in effetti due metodi che hanno risultati equivalenti :

Primo metodo, o metodo della griglia :

Un primo modo molto semplice è quello di considerare due o più accordi come un solo accordo che quindi sarà costituito da più note, ottenute separatamente da ogni singolo accordo. Intersecare le note di due o più accordi è semplice, ma questo può condurci a delle sorprese.

Infatti quando sovrapponiamo due o più accordi potremmo trovarci in una griglia finale (l'insieme di tutte le note di tutti gli accordi) molto fitta, tanto che vedremo apparire 3 o più note consecutive distanti un semitono l'una dall'altra. Questo contraddice il principio dei due semitoni. Qual è la conseguenza ? Semplicemente non esiste una scala unica che va bene per quei due o più accordi.

Invece se questa evenienza non accade (tutte le note ottenute non sono mai tali da averne tre o più di seguito a intervalli di un semitono) allora vuol dire che esiste almeno una scala comune.

Possiamo anche trovare più scale comuni, questo quando la griglia di note ottenute è tale che rimangono delle note a disposizione per completare la scala, e che queste note non siano in contraddizione col principio dei due semitoni.

Secondo metodo, o metodo comparativo :

Questo secondo metodo conduce esattamente agli stessi risultati del primo, ma in qualche occasione può essere utile nel momento in cui vogliamo implementare degli algoritmi tramite software.

Esso consiste nel cercare tutte le scale possibili per ogni accordo, per poi in seguito fare un'analisi comparativa e trovare infine le scale comuni. Ovviamente una scala comune potrebbe non esistere, ciò significa che quegli accordi non si trovano sulla stessa tonalità, o meglio ancora, che nella sequenza di accordi c'è stato in qualche momento un cambio di tonalità.

In ogni caso...

... possiamo affermare che :

Se vogliamo sapere se un insieme di accordi contiene una scala comune dobbiamo sovrapporre le note di tutti gli accordi e :

- Se questa sovrapposizione non contiene nessun tri-semitono, siamo certi che almeno una scala esiste. Per ottenere la scala, o le scale, procediamo come nel caso di un singolo accordo (che a questo punto contiene molte più note date da tutte le note di tutti gli accordi di partenza).

- Se invece la sovrapposizione di più accordi è tale che appaia almeno un tri-semitono, allora siamo sicuri che nessuna scala comune esiste, siamo quindi in presenza di un cambio di tonalità all'interno della sequenza di accordi.

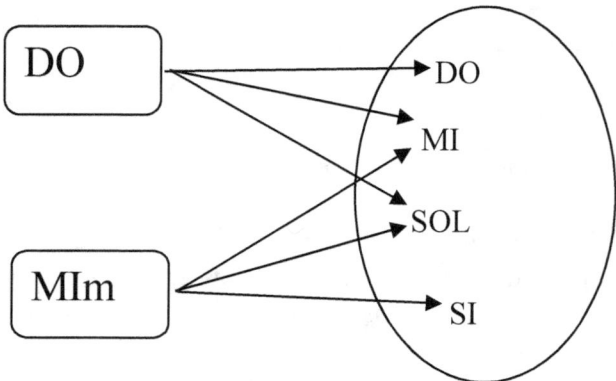

Nell'esempio qui riportato abbiamo due accordi, il DO e il Mim. Se scomponiamo i due accordi nelle note che li compongono, vediamo che questi due accordi hanno delle note comuni, per l'esattezza il MI e il SOL. Altre due note sono presenti : il DO nell'accordo di DO e il SI nell'accordo di MIm. Poco importa. La sovrapposizione dei due accordi ci fa ottenere quattro note : DO, MI, SOL, SI.

Ci poniamo dunque due quesiti :

1. **Esiste una scala comune ?** La risposta è sì, e questo possiamo affermarlo con certezza visto che la successione delle note DO, MI, SOL e SI non contiene alcun tri-semitono.

2. Quel'è la scala, o le scale comuni ? La risposta si ottiene dall'applicazione del metodo per come l'abbiamo visto in precedenza che dobbiamo applicare all'insieme di queste 4 note. Esse rappresentano per noi l'accordo di partenza del quale vogliamo conoscere le scale che possiamo utilizzare.

Ma che senso ha tutto questo ?

Cosa vuol dire sovraapporre gli accordi ? Perché dobbiamo trattare, come se fosse un vero accordo, un insieme di note ottenute da tanti accordi ? La risposta non è banale, in effetti non c'è una vera risposta. Quelo che però è certo è che se vogliamo rispettare il secondo principio armonico l'unico modo di procedere è quello di essere sicuri che nessun tri-semitono appaia se vogliamo restare nella stessa tonalità.

La sovrapposizione di tanti accordi è solamente uno stratagemma che ci consente di avere un metodo pratico per applicare la teoria.

Ritorniamo all'esempio precedente :

Abbiamo due accordi : LAm | SOL, suonati in sequenza in un loop infinito.

Utilizziamo il metodo della griglia per capire come suonare questi due accordi :

Accordo	DO	DO#	RE	MIb	MI	FA	FA#	SOL	SOL#	LA	SIb	SI
SOL			♩					♩				♩
LAm	♩				♩					♩		
TOT	♩		♩		♩			♩		♩		♩

La linea TOT rappresenta tutte le note dei due accordi e noi possiamo trattarla come il nuovo accordo per il quale intendiamo calcolare le scale associate. Cominciamo col disporre le note della scala obbligate :

Accordo	DO	DO#	RE	MIb	MI	FA	FA#	SOL	SOL#	LA	SIb	SI
SOL			♩					♩				♩
LAm	♩				♩					♩		
TOT	♩		♩		♩			♩		♩		♩
	X		X		X			X		X		X

A questo punto possiamo andare avanti, anche se, come si può dedurre facilmente guardando la griglia finale, non abbiamo molte possibilità per completare la scala. Osservando le note che restano libere ci rendiamo conto che per non contraddire il principio dei due semitoni non possiamo aggiungere nessuna delle note seguenti : DO#, MIb, SOL#, SIb.

L'unica nota che possiamo aggiungere è il FA oppure il FA#.

Se aggiungiamo il FA otteniamo :

Accordo	DO	DO#	RE	MIb	MI	FA	FA#	SOL	SOL#	LA	SIb	SI
SOL			♩					♩				♩
LAm	♩				♩					♩		
TOT	♩		♩		♩	♩		♩		♩		♩
	X		X		X	X		X		X		X

E siamo quindi in presenza di una scala di DO.

Se aggiungiamo il FA# otteniamo invece :

Accordo	DO	DO#	RE	MIb	MI	FA	FA#	SOL	SOL#	LA	SIb	SI
SOL			♩					♩				♩
LAm	♩				♩					♩		
TOT	♩		♩		♩		♩	♩		♩		♩
	X		X		X		X	X		X		X

Siamo allora in presenza di una scala di SOL.

La teoria dei due semitoni ci ha condotto dunque agli stessi risultati che si ottengono dalle teorie classiche dell'armonia.

Ma perché fare tutto questo ?

L'interesse di un tale approccio è che esso è totalmente agnostico. Non ci si pone più il problema del senso e delle regole armoniche, ma ci si basa su un'unica e sola teoria elementare che conduce molto semplicemente a dei risultati validi.

Se prendiamo l'esempio precedente : da un lato otteniamo due scale possibili per questi due accordi. Dall'altro non sappiamo nulla sull'effetto che otteniamo utilizzando questa o quella scala. Si tratta di un risultato nudo e crudo, da sperimentare. Lungi da me sminuire le teorie dell'armonia classica che invece sottopongono la musica ad un'analisi ben più approfondita, sul senso degli accordi, le loro relazioni, e le evoluzioni tonali, armoniche e melodiche. Ma quel che per ora mi interessa è : ho una griglia di accordi e voglio banalmente trovare le note delle scale che posso utilizzare.

E se volessimo utilizzare il metodo comparativo ?

Come dicevo il metodo della griglia è più semplice e intuitivo.

Il metodo comparativo considera da una parte tutte le scale che possiamo ottenere da ogni singolo accordo, poi sta a noi trovare, se esistono delle scale comuni fra tutti gli accordi.

Questo metodo si presta bene al calcolo automatico, ma non è possibile immaginare un metodo manuale efficace.

Facciamolo giusto a titolo di esempio. Prendiamo l'accordo di LAm :

	DO	DO#	RE	MIb	MI	FA	FA#	SOL	SOL#	LA	SIb	SI
	DO				**MI**					**LA**		
1	X		X		X		X		X	X		X
2	X	X			X		X	X		X		X
3	X		X		X	X		X		X		X
4	X		X		X		X	X		X	X	
5	X		X		X	X	X			X	X	
6	X	X		X	X		X	X		X	X	
7	X		X		X	X			X	X		X
8	X			X	X		X	X		X		X
9	X	X		X	X		X		X	X		

Poi quello di SOL :

	DO	DO#	RE	MIb	MI	FA	FA#	SOL	SOL#	LA	SIb	SI
			RE					**SOL**				**SI**
1	X		X		X	X		X		X		X
2		X	X		X		X	X		X		X
3		X	X		X	X		X		X		X
4	X		X		X		X	X		X		X
5	X		X	X		X		X		X		X
6		X	X		X	X		X	X		X	X
7		X	X		X		X	X			X	X
8	X		X	X		X		X	X			X

Come si può facilmente verificare le uniche scale che trovano mutua corrispondenza sono la n° 2 et n°3 delle scale ottenute dall'accordo di LAm con, rispettivamente, le n° 1 e n° 4 delle scale ottenute dal SOL. Si tratta in effetti delle scale di DO maggiore e SOL maggiore.

I due metodi, banalmente, conducono quindi agli stessi risultati.

Il giro di DO

Lo faccio solo per avere la soddisfazione personale di giocare col famoso giro di DO e ottenere tramite la teoria dei due semitoni la giustificazione pratica del fatto che il giro di DO si suona con la scala di DO.

Applico il metodo della griglia (ben più semplice di quello comparativo), e ottengo :

Accordo	DO	DO#	RE	MIb	MI	FA	FA#	SOL	SOL#	LA	SIb	SI
DO	♩				♩			♩				
LAm	♩				♩					♩		
REm			♩			♩				♩		
SOL7			♩			♩		♩				♩
TOT	♩	♩	♩	♩				♩		♩		♩
	X	X	X	X				X		X		X

Tutti gli accordi si sovrappongono senza formare 3 o più note distanziate di un semitono. Nessuna possibilità di aggiungere note in quanto quelle obbligate e imposte dall'incrocio degli accordi non lasciano spazio ad ulteriori note senza contraddire il principio dei due semitoni.

L'unica scala possibile è quindi la scala di DO.

⚠ Certo. Qui qualcuno mi può dire che tutto questo è riduttivo. Per esempio nel SOL7 possiamo suonare ben altro che la scala di DO. Certo. Ma qui il problema era un altro. Esiste almeno una scala che possa funzionare contemporaneamente su tutti gli accordi del giro di DO ? La risposta è che questa scala esiste, ed è ovviamente il modo più semplice di suonare questo giro di accordi.

Se però vogliamo suonare qualcos'altro sul SOL7 (o su qualsiasi altro accordo) possiamo calcolare tutte le scale possibili di un accordo separatamente. Per esempio sul SOL7 :

	DO	DO#	RE	MIb	MI	FA	FA#	SOL	SOL#	LA	SIb	SI
			RE			**FA**		**SOL**				**SI**
1		X	X		X	X		X		X		X
2	X		X		X	X		X		X		X
3	X		X	X		X		X		X		X
4		X	X		X	X		X	X		X	X
5	X		X	X		X		X	X			X

Questo vale ovviamente anche nel caso in cui sostituiamo il SOL7 con un altro accordo, e lo suoniamo interpretandolo con una delle scale possibili.

Atelier

In questo atelier verranno proposte delle sequenze di accordi, e starà a voi individuare quali sono le possibili scale che possono essere suonate su questi accordi.

Cominciate col segnare con la matita tutte le note di ogni singolo accordo. Poi, unite tutte le note di tutti gli accordi a formare un unico accordo sul quale potrete calcolare le scale.

Per esempio, per i due accordi LA e MI7 :

Accordo	DO	DO#	RE	MIb	MI	FA	FA#	SOL	SOL#	LA	SIb	SI
LA		X			X					X		
MI7			X		X				X			X
TOT		X	X		X				X	X		X
Scala1		X	X		X				X	X		X
Scala2		X	X		X				X	X		X
Scala3		X	X		X				X	X		X
Scala4		X	X		X				X	X		X

A questo punto non vi resta che completare le scale. Ho messo 4 scale, ma davvero esistono 4 scale possibili ? Non è assolutamente detto, in questo caso lo scoprirete da soli.

48

Accordo	DO	DO#	RE	MIb	MI	FA	FA#	SOL	SOL#	LA	SIb	SI
LAm												
MI7												
TOT												
Scala1												
Scala2												
Scala3												
Scala4												

Accordo	DO	DO#	RE	MIb	MI	FA	FA#	SOL	SOL#	LA	SIb	SI
MI												
FA												
TOT												
Scala1												
Scala2												
Scala3												
Scala4												

Accordo	DO	DO#	RE	MIb	MI	FA	FA#	SOL	SOL#	LA	SIb	SI
REm												
DOm												
TOT												
Scala1												
Scala2												
Scala3												
Scala4												

Accordo	DO	DO#	RE	MIb	MI	FA	FA#	SOL	SOL#	LA	SIb	SI
LA												
LAm												
FA												
TOT												
Scala1												
Scala2												
Scala3												
Scala4												

Potete esercitarvi adesso su griglie di accordi a vostro piacimento :

Accordo	DO	DO#	RE	MIb	MI	FA	FA#	SOL	SOL#	LA	SIb	SI
TOT												
Scala1												
Scala2												
Scala3												

Accordo	DO	DO#	RE	MIb	MI	FA	FA#	SOL	SOL#	LA	SIb	SI
TOT												
Scala1												
Scala2												
Scala3												

Accordo	DO	DO#	RE	MIb	MI	FA	FA#	SOL	SOL#	LA	SIb	SI
TOT												
Scala1												
Scala2												
Scala3												

Accordo	DO	DO#	RE	MIb	MI	FA	FA#	SOL	SOL#	LA	SIb	SI
TOT												
Scala1												
Scala2												
Scala3												

E poi ?

E poi... questo piccolo trattato potrebbe finire qui ? Ci stiamo dimenticando qualcosa ? Purtroppo sì. C'è ancora molto da vedere insieme. Si tratta della parte forse più complessa, ma non per questo meno affascinante, che ci porterà verso (finalmente) l'applicazione di questo nuovo metodo per comprendere le relazioni fra scale e accordi e sperimentare infine nuove vie espressive.

Quello che abbiamo fatto sin qui è facile. Prendiamo un accordo e otteniamo le scale che suonano bene su quell'accordo. Oppure prendiamo tanti accordi che si suonano in una sola tonalità.

Ci sono invece dei casi in cui una griglia di accordi non sai nemmeno come guardarla, non sai da dove cominciare, non riesci nemmeno a capire cosa devi analizzare. In ogni caso la nostra prossima tappa è la ricerca del cambio di tonalità.

Cominciamo da una musica ben nota che come vedrete è semplice solo nell'apparenza :

6. Il Blues

Il Blues è basato su una armonia davvero particolare, ogni accordo di settima vorrebbe evolvere verso un accordo maggiore, e invece di trovare infine l'approdo sereno, beh... no !!! L'accordo non è un semplice accordo maggiore, ma un accordo di settima anche lui.

E così per esempio il MI7 che dovrebbe evolvere verso il LA si ritrova invece su un LA7.

La cosa poi non finisce qui visto che il LA7 anche lui è un accordo irrisolto e vuole evolvere sul RE.

Ma come ? E che facciamo col MI7 ? Non lo risolviamo ? Ben no ! Rimane irrisolto.

Dunque se riveniamo a noi, che facciamo ? Vogliamo applicare la teoria dei due semitoni al Blues ? E vediamo che succede ?

Facile, basta semplicemente incrociare il MI7 e il LA7 e vedere cosa ne viene fuori. Via !!!

Accordo	DO	DO#	RE	MIb	MI	FA	FA#	SOL	SOL#	LA	SIb	SI
MI7			♩		♩				♩			♩
LA7		♩			♩			♩		♩		
TOT		♩	♩		♩			♩	♩	♩		♩
		X	X		X			**X**	**X**	**X**		X

Ma mi sembra perfetto ? Abbiamo la nostra scala che vogliamo di più ? Eh beh no... purtroppo.

La cosa che pone un problema è che sono presenti <u>tre note distanziate due semitoni</u>. Si tratta del SOL, SOL# e LA. Possiamo tentare con l'altro metodo di calcolo comparativo ? No, non funzionerebbe, è uguale purtroppo.

L'incrocio di questi due apparenti semplicissimi accordi non puo' funzionare, non può dar luogo ad una scala comune. Bisogna allora capire quel che occorre fare.

Innanzi tutto si potrebbe suonare il MI7 e il LA7 con una delle innumerevoli scale che abbiamo a disposizione per questi accordi, ottenendole col metodo dei due semitoni. Ci sono 5 scale possibili per ogni accordo di settima.

E quindi sul MI7 suoniamo una scala che va bene col MI7, e sul LA7 suoniamo una scala che va bene col LA7.

Ma rimane il fatto che non abbiamo nessuna idea delle scale da usare. Ricordate che anche se sapete quali usare (perché siete già grandi e armonicamente vaccinati) qui stiamo tornando indietro, nessuno sa niente di armonia e se il metodo dei due semitoni non ci aiuta allora vuol dire che non funziona bene.

Quando non esiste un'unica scala comune fra un accordo e un altro quali scale dobbiamo usare fra le innumerevoli che abbiamo a disposizione per un accordo e per l'altro ?

Esiste in effetti un calcolo che possa fare questa scelta al posto nostro ? Suonare una scala oppure un'altra è arbitrario oppure c'è una logica da seguire ?

In effetti se passiamo dal MI7 al LA7 dobbiamo pur scegliere quale scala suonare nell'uno e nell'altro accordo.

Il prossimo capitolo ci mostra come possiamo essere aiutati in questa scelta.

I musicisti Jazz sanno che tipicamente il MI7 si suona in LA e in LA7 si suona in RE. Poi uno può fare ben altro evidentemente, ma questa scelta elementare è quella "standard". La teoria dei due semitoni ci permetterà di arrivare a questa conclusione ?

7. Scegliere le scale su accordi che non hanno scale comuni: il metodo della griglia ampliato

Basandoci su un esempio analogo a quello precedente, per esempio una successione di accordi MI7 | LA7, partiamo dalla griglia nella quale un tri-semitono appare :

Accordo	DO	DO#	RE	MIb	MI	FA	FA#	SOL	SOL#	LA	SIb	SI
MI7			♩		♩				♩			♩
LA7		♩			♩			♩		♩		
TOT		♩	♩		♩			♩	♩	♩		♩
		X	X		X			X	X	X		X

Il trisemitono SOL-SOL#-LA ci mostra che siamo di fronte a un cambio di tonalità. Gli accordi MI7 e LA7 non hanno in effetti una scala comune. Vediamo allora di capire che tipo di scala dobbiamo utilizzare in un caso e nell'altro.

Cominciamo col MI7.
Il metodo consiste nel "rompere" il trisemitono, spostando una nota dell'altro accordo (il LA7), e mantenendo le note dell'accordo di MI7.

Tutte le altre note le dobbiamo mantenere (quelle che non contengono tri-semitoni).

Nel nostro caso possiamo spostare il SOL oppure il LA. Per esempio spostiamo il SOL verso il FA#

Accordo	DO	DO#	RE	MIb	MI	FA	FA#	SOL	SOL#	LA	SIb	SI
MI7			♩		♩				♩			♩
LA7		♩			♩		♩			♩		
TOT		♩	♩		♩		♩		♩	♩		♩
		X	X		X		**X**		X	**X**		X

Lo spostamento è possibile in quanto non compare nessun tri-semitono.
Ma possiamo spostare anche il LA e metterlo nel SIb :

Accordo	DO	DO#	RE	MIb	MI	FA	FA#	SOL	SOL#	LA	SIb	SI
MI7			♩		♩				♩			♩
LA7		♩			♩		♩				♩	
TOT		♩	♩		♩		♩		♩		♩	♩
		X	X		X		**X**		X		**X**	X

Qual'è la differnza fra i due spostamenti ? E quale spostamento dobbiamo privileggiare ?

Nel primo caso notiamo subito che la scala è completa. Non dobbiamo (in realtà non possiamo) aggiungere nessuna nota. Infatti l'aggiunta di una qualsiasi nota produrrebbe un tri-semitono.

Accordo	DO	DO#	RE	MIb	MI	FA	FA#	SOL	SOL#	LA	SIb	SI
MI7			♩		♩				♩			♩
LA7		♩			♩		♩			♩		
TOT		♩	♩		♩		♩		♩	♩		♩
	⊘	X	X	⊘	X	⊘	**X**	⊘	X	**X**	⊘	X

Nel secondo caso invece possiamo aggiungere il FA :

Accordo	DO	DO#	RE	MIb	MI	FA	FA#	SOL	SOL#	LA	SIb	SI
MI7			♩		♩				♩			♩
LA7		♩			♩			♩		♩		
TOT		♩	♩		♩			♩	♩	♩		♩
	⊘	X	X	⊘	X	✓	⊘	X	X	⊘	X	X

⚠ Nel rompere il trisemitono spostando una delle sue note dobbiamo privileggiare gli spostamenti che ci conducono ad una scala completa, decidiamo quindi, quando siamo in MI7, di spostare il SOL vrso il FA#, piuttosto che spostare il LA verso il SIb.

Ecco dunque la scala che useremo quando siamo in MI7 :

Accordo	DO	DO#	RE	MIb	MI	FA	FA#	SOL	SOL#	LA	SIb	SI
MI7			♩		♩				♩			♩
LA7		♩			♩			♩		♩		
TOT		♩	♩		♩			♩	♩	♩		♩
Scala da utilizzare in MI7		X	X		X		X	X	X			X

Si tratta in effetti della scala di LA maggiore.

Passiamo adesso al LA7 e procediamo nello stesso modo. Dobbiamo rompere il tri-semitono spostando una nota dell'accordo di MI7. L'unica nota che possiamo spostare è il SOL#, in quanto nel tri-semitono il SOL et il LA fanno parte dell'accordo di LA7 e non possono essere spostati. Uno spostamento possibile è quello che porta il SOL# verso il FA#.

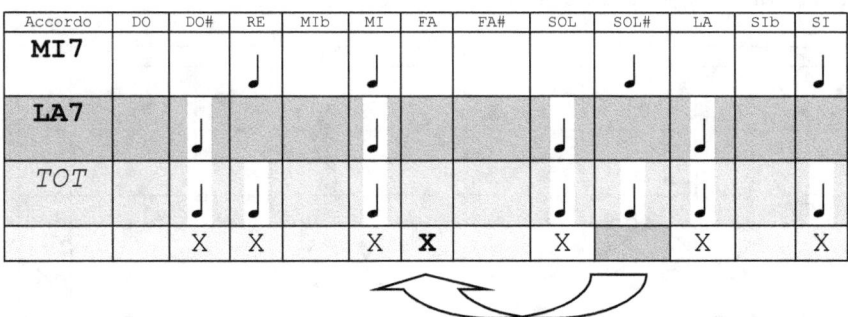

Accordo	DO	DO#	RE	MIb	MI	FA	FA#	SOL	SOL#	LA	SIb	SI
MI7			♩		♩				♩			♩
LA7		♩		♩			♩		♩			
TOT		♩	♩		♩			♩	♩	♩		♩
		X	X		X		**X**	X		X		X

Ma possiamo anche spostare il SOL# verso il FA :

Accordo	DO	DO#	RE	MIb	MI	FA	FA#	SOL	SOL#	LA	SIb	SI
MI7			♩		♩				♩			♩
LA7		♩		♩				♩		♩		
TOT		♩	♩		♩			♩	♩	♩		♩
		X	X		X	**X**		X		X		X

Ovviamente lo spostamento sarà in questo caso di un tono e mezzo piuttosto che di un tono come nel caso precedente.

⚠ Nel rompere il trisemitono spostando una delle sue note dobbiamo privileggiare gli spostamenti di entità inferiore.

Ecco dunque la scala che useremo quando siamo in LA7 :

Accordo	DO	DO#	RE	MIb	MI	FA	FA#	SOL	SOL#	LA	SIb	SI
MI7			♩		♩				♩			♩
LA7		♩			♩			♩	♩	♩		
TOT		♩	♩		♩			♩	♩	♩		♩
Scala da utilizzare in LA7		X	X		X		X		X	X		X

Si tratta della scala di RE maggiore.

Ecco quindi la griglia che riassume il tutto :

Accordo	DO	DO#	RE	MIb	MI	FA	FA#	SOL	SOL#	LA	SIb	SI
MI7			♩		♩				♩			♩
LA7		♩			♩			♩		♩		
TOT		♩	♩		♩			♩	♩	♩		♩
Scala da utilizzare in MI7		X	X		X		X	⇨	X	X		X
Scala da utilizzare in LA7		X	X		X		X	X ⇦		X		X

Come si puo' facilmente notare la differenza fra le due scale è solo legata ad uno spostamento di una nota che dal SOL# passa al SOL quando dal MI7 si passa al LA7. Viceversa la nota si sposta dal SOL al SOL# quando dal LA7 si passa al MI7.

Cosa abbiamo quindi ottenuto ? Beh, un risultato importante. Questo metodo ci permette di dire che :

"Premesso che questi due accordi non hanno una scala comune"

"Considerando che dal canto nostro possiamo suonare molte scale per ognuno dei due accordi, ma che non abbiamo nessuna idea di quali scale suonare nell'uno e nell'altro accordo"

"Tenuto conto che per partito preso non possiamo rifarci all'armonia classica e dobbiamo trovare il risultato direttamente dalla nostra teoria"

→ Possiamo dedurre che senza fare ricorso a null'altro che alla teoria dei due semitoni, quando siamo sul MI7 dobbiamo suonare le note { DO# - RE - MI – FA# - SOL# - LA - SI} che corrispondono della scala di LA maggiore; quando invece siamo sull'accordo di LA7 dobbiamo suonare le note { DO# - RE - MI – FA# - SOL - LA - SI} che corrispondono alla scala di RE.

⚠ Ancora una volta, preciso che questi risultati mostrano che la teoria dei due semitoni produce risultati "standard", totalmente allineati con quelli che vengono proposti convenzionalmente. Rimane sempre la libertà interpretativa, il fatto di potere scegliere altre scale e di sperimentare a piacere e in piena libertà qualsiasi via armonica che piaccia e risulti gradita all'orecchio umano.

E il Blues ?

<u>Tornando al blues, vediamo di completare il cassico giro di accordi</u> per vedere come si possono interpretare gli accordi successivi. Premetto, come molti di voi già sapranno, che non esiste un solo giro Blues, e molte varianti sono possibili.

Diciamo però che un classico giro Blues comporta 12 battute costruite nel modo seguente :

MI7 | LA7 | MI7 | MI7 | LA7 | LA7 | MI7 | **MI7 |SI7** | LA7 **|** MI7 | SI7

Si tratta di un giro Blues in MI. Nella maggior parte dei casi si tratta di un alternarsi di accordi MI7 | LA7 che può essere risolto con le scale che abbiamo visto in precedenza.

Abbiamo poi alla nona battuta il passaggio dal MI7 al SI7. Un altro passaggio importante è quello fra il SI7 e il LA7.

Ma andiamo con ordine. Cosa succede quando dal MI7 passiamo al SI7 ? Possiamo usare una scala comune ? Applichiamo il meodo della griglia per vedere quel che succede quando incrociamo questi due accordi.

Accordo	DO	DO#	RE	MIb	MI	FA	FA#	SOL	SOL#	LA	SIb	SI
MI7			♩		♩				♩			♩
SI7				♩			♩			♩		♩
TOT			♩	♩	♩		♩					♩
			X	X	X		X		X	X		X

Niente da fare ! Il passaggio dal MI7 al SI7 non puo' essere risolto con una sola e unica scala, infatti l'incrocio dei due accordi produce tre note consecutive distanti un semitono l'una dall'altra.

Come possiamo quindi procedere ? Anche qui siamo esattamente nello stesso tipo di problema che abbiamo affrontato nel passaggio fra il MI7 e il LA7. La soluzione è esattamente la stessa.

Quando siamo in MI7 dobbiamo rompere il trisemitono spostando il MIb verso il DO# :

Accordo	DO	DO#	RE	MIb	MI	FA	FA#	SOL	SOL#	LA	SIb	SI
MI7			♩		♩				♩			♩
SI7				♩			♩			♩		♩
TOT			♩	♩	♩		♩					♩
		X	X		X		X		X	X		X

Potevamo spostarlo verso il DO, ma lo spostamento è di un tono e mezzo, piuttosto che di un tono. Privilegiamo quindi lo spostamento del Mib verso il DO#.

Otteniamo quindi la scala di LA. C'era da aspettarselo :

Accordo	DO	DO#	RE	MIb	MI	FA	FA#	SOL	SOL#	LA	SIb	SI
MI7			♩		♩				♩			♩
SI7				♩			♩			♩		♩
TOT			♩	♩	♩		♩					♩
Scala da suonare in MI7		X	X		X		X		X	X		X

Quando invece siamo in SI7 :

Accordo	DO	DO#	RE	MIb	MI	FA	FA#	SOL	SOL#	LA	SIb	SI
MI7			♩		♩				♩			♩
SI7				♩			♩			♩		♩
TOT			♩	♩	♩		♩					♩
		X		X	X		X		X	X		X

Dobbiamo mantenere il MIb che è contenuto nell'accordo di MI7 e spostare il RE, oppure il MI. Se spostiamo il MI non otteniamo una scala completa perché nell'intervallo fra il SI e il RE dobbiamo aggiungere una nota.

Se invece spostiamo il RE possiamo farlo verso il DO# oppure verso il DO. Scegliamo il DO# che corrisponde ad uno spostamento minore :

Accordo	DO	DO#	RE	MIb	MI	FA	FA#	SOL	SOL#	LA	SIb	SI
MI7			♩		♩				♩			♩
SI7				♩			♩			♩		♩
TOT			♩	♩	♩		♩					♩
		X		X	X		X		X	X		X

Accordo	DO	DO#	RE	MIb	MI	FA	FA#	SOL	SOL#	LA	SIb	SI
MI7			♩		♩				♩			♩
SI7				♩			♩			♩		♩
TOT			♩	♩	♩		♩					♩
Scala da suonare in SI7		X		X	X		X		X	X		X

Ottenniamo quindi la scala di MI :

I risultati ottenuti mostrano dunque che nel passare dal MI7 al SI7 occorre suonare rispettivamente le scale di LA maggiore e MI maggiore. Il metodo quindi funziona anche in questo caso.

⚠ C'è un aspetto molto importante che va considerato. Che differenza c'è fra il calcolo delle scale se invertiamo la sequenza degli accordi ? Beh, nessuna differenza. Non è un dettaglio. Se io passo dal MI7 al LA7 posso credere che questo passaggio sia diverso da quello che porta il LA7 al MI7. Per esempio se ragioniamo in termini di tonica dal MI al LA c'è un intervallo di quarta. Se invece passo dal LA al MI l'intervallo è di quinta. Quello che conta per il metodo che si basa sul teorema dei due semitoni non è tanto l'intervallo assoluto fra un accordo e l'altro, ma l'intervallo relativo. Dunque in effetti per noi l'aspetto temporale conta poco o nulla quando analizziamo una sequenza di accordi.

⚠ L'aspetto temporale come vedremo ha la sua importanza nello scegliere il punto di partenza e di arivo, ad apertura e chiusura di una tonalità.

Abbiamo finito col giro Blues ?

No, non ancora. C'è un passaggio importante che dobbiamo ancora vedere. Ad un certo punto se riprendiamo la griglia di accordi :

MI7 | LA7 | MI7 | MI7 | LA7 | LA7 | MI7 | MI7 |**SI7 | LA7 |** MI7 | SI7

... si passa dal SI7 al LA7.

Cosa possiamo suonare quando siamo su questa sequenza di accordi ?

Beh, andiamo a vedere se esiste una scala comune fra il SI7 e il LA7.

Applichiamo il metodo della griglia a questi due accordi :

Accordo	DO	DO#	RE	MIb	MI	FA	FA#	SOL	SOL#	LA	SIb	SI
SI7				♩			♩			♩		♩
LA7		♩			♩			♩		♩		
TOT		♩		♩			♩	♩		♩		♩
		X		X	X		X	X		X		X

Molto bene, l'incrocio ha funzionato ! Si tratta di una scala già completa in quanto non possiamo aggiungere nessuna nota, se vogliamo rispettare il secondo principio armonico.

Che scala è ? Si tratta di una scala di MI minore melodica. Nel jazz questa è una scala superlocria (di MIb), poco importa, la scala esiste. Siamo obbligati ad usarla ? Ovviamente no. Diciamo però che secondo questa teoria questa è la scala che dobbiamo privilegiare in quanto ottenuta naturalmente dall'incrocio dei due accordi.

La libertà espressiva però può andare ben oltre, cosa che ci spinge a chiederci se possiamo forzare le cose e suonare in modo diverso questa successione di accordi. Il fatto che dobbiamo capire è : cosa vuol dire suonare diversamente una successione di accordi che naturalmente andrebbe suonata con una scala precisa ottenuta dal teorema dei due semitoni ?

La risposta a questo quesito sta nell'applicazione del metodo utilizzando sempre le regole che ci siamo imposti. Possiamo quindi tentare di spostare una o più note (cominciamo con una nota) sempre in accordo con le regole che già abbiamo visto :

- Possiamo spostare una nota solo se non appartiene all'accordo che stiamo utilizzando (corollario del primo principio armonico)

- Non possiamo spostare una nota se questo spostamento produce un tri-semitono (corollario del secondo principio armonico)

- Se spostiamo una nota che non appartiene all'accordo che stiamo suonando lo spostamento deve essere il più piccolo possibile.

Vediamo dunque di applicare questi concetti al caso in esame e cominciamo a capire cosa possiamo suonare in SI7 se vogliamo uscire dalla scala ottenuta dall'incrocio dei due accordi.

Accordo	DO	DO#	RE	MIb	MI	FA	FA#	SOL	SOL#	LA	SIb	SI
SI7				♩			♩			♩		♩
LA7		♩			♩			♩		♩		
TOT		♩		♩			♩	♩		♩		♩
		X		X	X		X	X		X		X

Intanto precisiamo subito che non possiamo spostare il MIb, il FA#, il LA e il SI, in quanto queste note costituiscono l'accordo di SI7.

Le note che rimangono sono le seguenti :

il DO#, il MI e il SOL.

Vediamo subito che il MI non possiamo spostarlo da nessuna parte :

Accordo	DO	DO#	RE	MIb	MI	FA	FA#	SOL	SOL#	LA	SIb	SI
SI7				♩			♩			♩		♩
LA7		♩			♩			♩		♩		
TOT		♩		♩	♩		♩	♩		♩		♩
		X	⊘	X	**X**	⊘	X	X		X		X

Infatti tale spostamento comporterebbe la creazione di un tri-semitono. Abbiamo quindi solo altre due possibilità :

- Spostare il DO# verso il DO :

Accordo	DO	DO#	RE	MIb	MI	FA	FA#	SOL	SOL#	LA	SIb	SI
SI7				♩			♩			♩		♩
LA7		♩			♩			♩		♩		
TOT	♩			♩	♩		♩	♩		♩		♩
	X			X	X		X	X		X		X

Si tratta della scala di MI minore armonica.

- Spostare il SOL verso il SOL# :

Accordo	DO	DO#	RE	MIb	MI	FA	FA#	SOL	SOL#	LA	SIb	SI
SI7				J			J		J			J
LA7		J			J			J	J			
TOT		J		J			J	J	J			J
		X		X	X		X		**X**	X		X

Si tratta della scala di MI maggiore.

Entrambe le possibilità sono concesse, ma c'è un dettaglio che non va trascurato. Se suoniamo la scala di MI minore armonica stiamo suonando un DO in un accordo di SI7. Questo vuol dire che, per esempio, i musicisti che accompagnano devono vedere il SI7 come un accordo che contiene la nona minore, cosa improbabile. E' certamente possibile, ma tutti devono rispettare questo nuovo vincolo. Questo tipo di accordo è più in linea con la musica andalusa che con il jazz! Ma è possibile (qui non stiamo facendo un discorso che riguarda solo il jazz ovviamente, ma nel caso specifico è difficile immaginare che in un giro blues si suoni un accordo di 7 con la nona minore).

La seconda possibilità è più che lecita, direi scontata, perché possiamo certamente immaginare di suonare in MI quando siamo sull'accordo di SI7.

Vediamo ora cosa possiamo suonare in LA7 se vogliamo uscire dalla scala ottenuta dall'incrocio dei due accordi.

Accordo	DO	DO#	RE	MIb	MI	FA	FA#	SOL	SOL#	LA	SIb	SI
SI7				♩			♩			♩		♩
LA7		♩			♩				♩	♩		
TOT		♩		♩			♩		♩	♩		♩
		X		X	X		**X**		**X**	**X**		X

In modo simile al caso precedente non possiamo spostare il DO#, il MI, il SOL e il LA, in quanto queste note costituiscono l'accordo di LA7.

Le note che rimangono sono le seguenti :

il MIb, il FA# e il SI.

Il FA# non possiamo spostarlo :

Accordo	DO	DO#	RE	MIb	MI	FA	FA#	SOL	SOL#	LA	SIb	SI
SI7				♩			♩			♩		♩
LA7		♩			♩				♩	♩		
TOT		♩		♩			♩		♩	♩		♩
		X		X	X	🚫	X	X	🚫	X		X

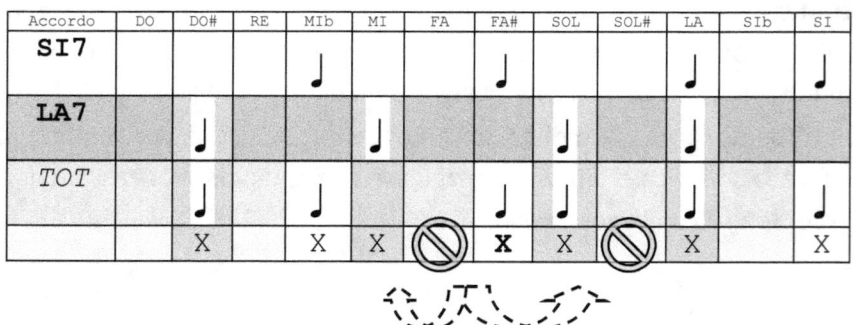

Come nel caso precedente tale spostamento comporterebbe la creazione di un tri-semitono.

Abbiamo quindi solo antre due possibilità :

- Spostare il MIb, per forza di cose verso il RE :

Accordo	DO	DO#	RE	MIb	MI	FA	FA#	SOL	SOL#	LA	SIb	SI
SI7			♩		♩				♩			♩
LA7		♩		♩			♩		♩			
TOT		♩		♩			♩	♩		♩		♩
		X	X		X		X	X		X		X

Si tratta della scala di RE maggiore.

- Spostare il SI, in questo caso abbiamo due possibilità.
  → Spostarlo verso il SIb :

Accordo	DO	DO#	RE	MIb	MI	FA	FA#	SOL	SOL#	LA	SIb	SI
SI7			♩		♩				♩			♩
LA7		♩		♩			♩		♩			
TOT		♩		♩			♩	♩		♩	♩	♩
		X		X	X		X	X		X	X	

Questo spostamento è da scartare il quanto le note ottenute non costituiscono una scala completa. Bisognerebbe aggiungere il DO per ottenere la scala semitono tono. Ovviamente tutto è possibile, ma possiamo dire che la scala ottenuta non è da privilegiare.

→ Spostarlo verso il DO :

Accordo	DO	DO#	RE	MIb	MI	FA	FA#	SOL	SOL#	LA	SIb	SI
SI7				♩			♩			♩		♩
LA7		♩			♩			♩	♩			
TOT		♩		♩			♩	♩	♩			♩
	X	X		X	X		X	X		X		

Anche in questo caso la scala ottenuta non è completa, e aggiungendo il SIb produrrebbe la stessa scala semitono tono ottenuta precedentemente.

Riassumendo quindi se nella sequenza di accordi SI7 | LA7 non vogliamo usare la scala comune (Mi minore melodica) possiamo usare :

- Sul SI7 la scala di MI maggiore

- Sul LA7 la scala di RE maggiore

Questo risultato come al solito conferma la validità di questa teoria.

⚠ Qualcuno può dire che questi risultati sono banali, ma come ho già avuto modo di sottolineare l'interesse di tutto ciò è quello di pervenire agli stessi risultati noti grazie alle teorie armoniche convenzionali, ma in maniera del tutto logica e capace di prevedere altre relazioni fra scale e accordi assolutamente inedite. E tutto questo senza scomodare null'altro che i tre principi armonici.

8. Ma a che gioco giochiamo ?

Il metodo della griglia ampliato può sembrare un po' complicato. Mi piacerebbe farvelo vedere in un altro modo piuttosto ludico, come una specie di gioco da tavolo con una scacchiera e delle pedine.

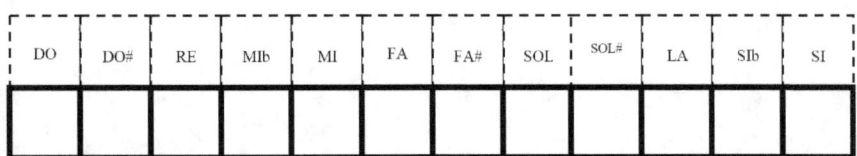

Il gioco può essere realizzato utilizzando tanti accordi, ma per semplicità in questo caso utilizziamo solo due accordi e per distinguerli utilizziamo delle pedine di colori diversi, per esempio bianco e nero.

Inseriamo adesso queste pedine nella scacchiera a formare gli accordi. Per esempio

un Rem7, pedine bianche :

e un SOL7, pedine nere :

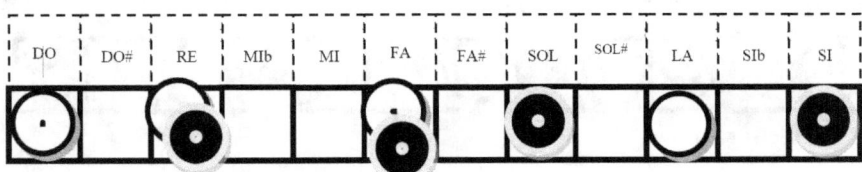

Ovviamente in alcune caselle sono presenti pedine bianche e nere contemporaneamente. Nell'esempio possiamo notare che nessun tri-semitono compare e che per completare la scala possiamo aggiungere il MIb oppure il MI. Per completare la scala usiamo una pedina diversa :

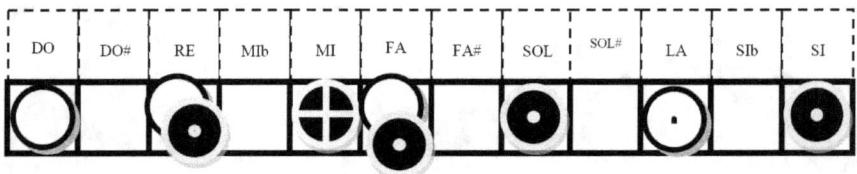

Possiamo quindi leggere le note della scala molto semplicemente dalla scacchiera. Nell'esempio una scala di DO.

Immaginiamo adesso di avere un incrocio di accordi che non da luogo a nessuna scala comune : per esempio FA7 | MI7 :

FA7, pedine bianche :

MI7, pedine nere :

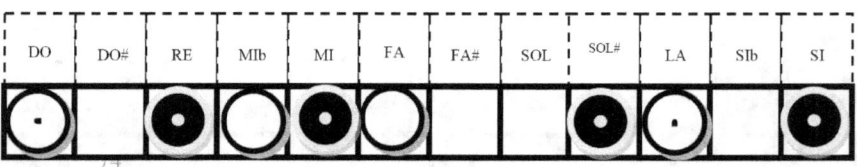

Un tri-semitono appare, anzi invece che tre note consecutive ne abbiamo addirittura 4.

Il problema che ci poniamo (e qui arriviamo al gioco vero e proprio) è :

Come facciamo a spezzare il o i tri-semitoni col minor numero possibile di spostamenti delle pedine ?

Il gioco prevede le seguenti regole :

- Dobbiamo spostare le pedine il meno possibile

- Spostare una pedina equivale a togliere la pedina (una mossa) e metterla da qualche altra parte (un'altra mossa)

- Se possiamo farlo dobbiamo cercare di togliere una pedina e di non rimetterla da nessuna parte

- Quando giochiamo col nero non dobbiamo spostare le pedine nere, viceversa col bianco dobbiamo spostare solo le pedine nere.

- Dobbiamo dare assoluta priorità agli spostamenti delle pedine che si trovano all'interno di un tri-semitono, per spezzarlo, ma possiamo anche spostare pedine che non formano un tri-semitono.

Con queste regole possiamo cominciare a giocare. **Iniziamo col nero** (siamo in MI7). Devo spostare le pedine bianche, la priorità è per le note MIb e/o il FA.

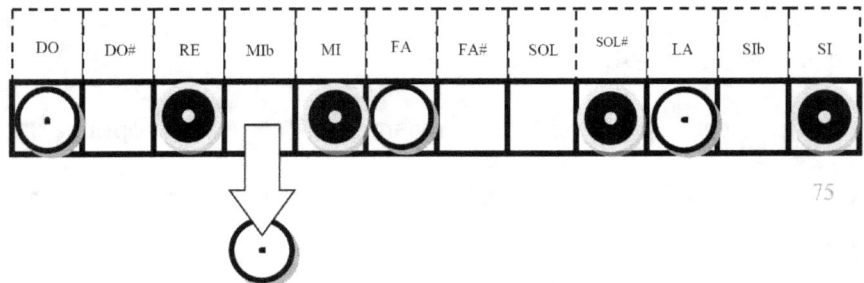

Come si può osservare la cosa più semplice è quella di togliere il MIb. In questo caso infatti otteniamo una scala bella e pronta, si tratta della scala di LA minore armonica.

Passiamo adesso **al bianco (siamo in FA7)**. Dobbiamo spostare alcune pedine nere : il RE e/o il MI.

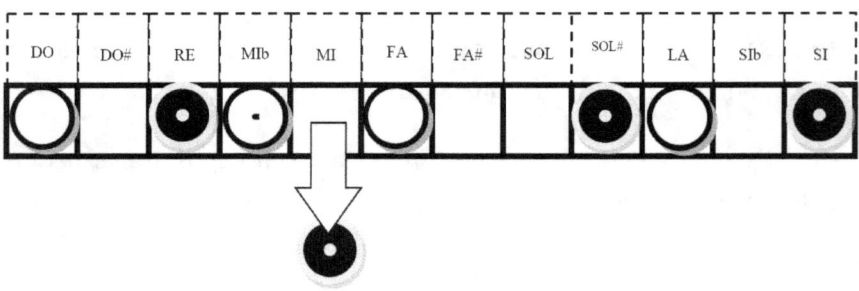

Se togliamo il MI (una mossa) non otteniamo una scala completa. Infatti abbiamo il FA# che può accogliere una nota. Possiamo quindi riposizionare la pedina del MI nel FA#.

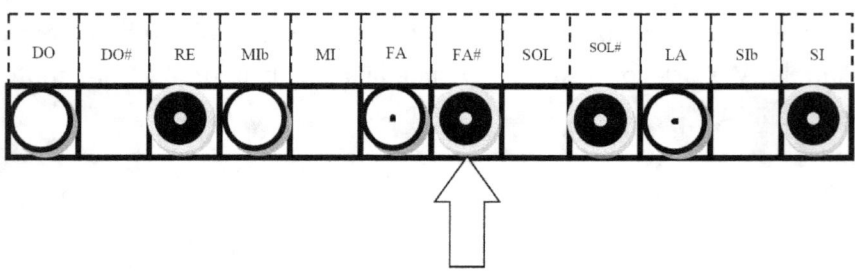

Otteniamo quindi una scala semitono-tono. Questa è la scala più naturale, per questa sequenza di accordi, e che comporta meno spostamenti.

Ovviamente ci sono altre possibilità :

Per esempio possiamo anche spostare pedine nere che non si trovano all'interno di un tri-semitono, ma dobbiamo comunque spezzare il trisemitono, questo è obligatorio :

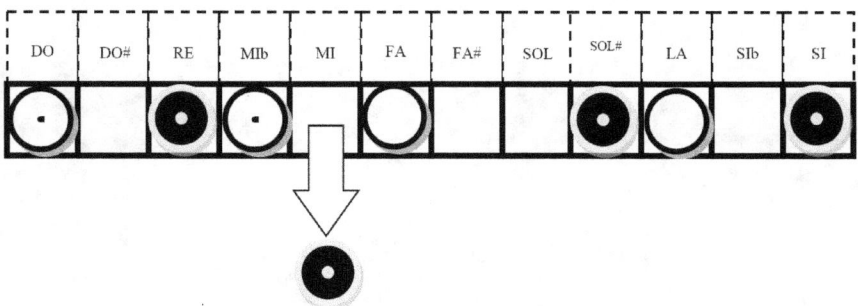

Dunque cominciamo col togliere il MI. Poi spostiamo il SOL# verso il SOL:

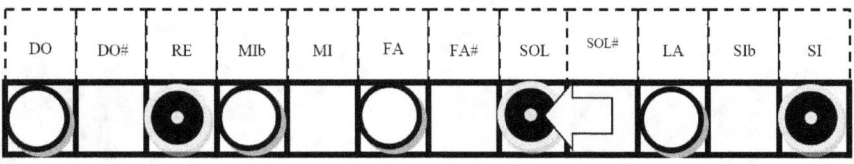

Questo spostamento, è sottinteso, è composto da due movimenti, togliere la pedina e mettere la pedina. Dunque rispetto a prima questa nuova scala (una DO minore melodica) ha richiesto 3 movimenti invece che 2.

⚠ In quest'ultimo caso abbiamo spostato una pedina che non era contenuta in un tri-semitono, ma sempre appartenente all'altro accordo.

⚠ Questo gioco può essere fatto con un numero di accordi superiori a due. Ogni accordo sarà rappresentato da un colore ben preciso.

Ogni volta che calcoliamo la scala di un dato accordo, dobbiamo mantenere fisse le sue note e spostare quelle degli altri accordi.

In questo atelier verranno proposte delle sequenze di due accordi. Bisognerà individuare una eventuale scala comune e nel caso non esista occorrerà trovare le scale da suonare per ognuno dei due accordi.

Cominciate con l'inviduare nella linea TOT tutte le note di tutti gli accordi. Poi cercate di completare la scala. Nel caso fosse presente un tri-semitono, eliminatelo con le regole viste nel capitolo precedente, riportate qui di seguito :

- Possiamo spostare una nota solo se non appartiene all'accordo che stiamo utilizzando (corollario del primo principio armonico)

- Non possiamo spostare una nota se questo spostamento produce un tri-semitono (corollario del secondo principio armonico)

- Se spostiamo una nota che non appartiene all'accordo che stiamo suonando lo spostamento deve essere il più piccolo possibile.

- Occorre privilegiare gli spostamenti che conducono ad una scala completa rispetto a quelli che necessitano poi l'aggiunta di una o più note per completare la scala.

Accordo	DO	DO#	RE	MIb	MI	FA	FA#	SOL	SOL#	LA	SIb	SI
MI7			♩		♩				♩			♩
Sibm7		♩			♩				♩	♩		
TOT												
Scala da suonare in MI7												
Scala da suonare in SIbm7												

Accordo	DO	DO#	RE	MIb	MI	FA	FA#	SOL	SOL#	LA	SIb	SI
MI7			♩		♩				♩			♩
DOm7	♩			♩				♩			♩	
TOT												
Scala da suonare in MI7												
Scala da suonare in DOm7												

Accordo	DO	DO#	RE	MIb	MI	FA	FA#	SOL	SOL#	LA	SIb	SI
MI7			♩		♩				♩			♩
FA# Maj7		♩			♩	♩					♩	
TOT												
Scala da suonare in MI7												
Scala da suonare in FA#Maj7												

Accordo	DO	DO#	RE	MIb	MI	FA	FA#	SOL	SOL#	LA	SIb	SI
RE Maj7		♩	♩				♩			♩		
FA Maj7	♩				♩	♩				♩		
TOT												
Scala da suonare in RA Maj7												
Scala da suonare in FAMaj7												

Accordo	DO	DO#	RE	MIb	MI	FA	FA#	SOL	SOL#	LA	SIb	SI
LAm	♩				♩					♩		
LA		♩			♩					♩		
TOT												
Scala da suonare in LAm												
Scala da suonare in LA												

Accordo	DO	DO#	RE	MIb	MI	FA	FA#	SOL	SOL#	LA	SIb	SI
LA7		♩			♩			♩		♩		
FA7	♩			♩	♩					♩		
TOT												
Scala da suonare in LA7												
Scala da suonare in FA7												

81

Provate ora a sperimentare su due accordi a vostra scelta :

Accordo	DO	DO#	RE	MIb	MI	FA	FA#	SOL	SOL#	LA	SIb	SI
TOT												
Scala da suonare sul primo accordo												
Scala da suonare sul secondo accordo												

Accordo	DO	DO#	RE	MIb	MI	FA	FA#	SOL	SOL#	LA	SIb	SI
TOT												
Scala da suonare sul primo accordo												
Scala da suonare sul secondo accordo												

Accordo	DO	DO#	RE	MIb	MI	FA	FA#	SOL	SOL#	LA	SIb	SI
TOT												
Scala da suonare sul primo accordo												
Scala sul secondo accordo												

Accordo	DO	DO #	RE	MIb	MI	FA	FA#	SOL	SOL #	LA	SIb	SI
TOT												
Scala da suonare sul primo accordo												
Scala da suonare sul secondo accordo												

Accordo	DO	DO #	RE	MIb	MI	FA	FA#	SOL	SOL #	LA	SIb	SI
TOT												
Scala da suonare sul primo accordo												
Scala da suonare sul secondo accordo												

Accordo	DO	DO #	RE	MIb	MI	FA	FA#	SOL	SOL #	LA	SIb	SI
TOT												
Scala da suonare sul primo accordo												
Scala sul secondo accordo												

9. Scegliere le scale su accordi che non hanno scale comuni: il metodo dinamico comparativo

Il metodo della griglia ampliato è un metodo semplice che può essere realizzato facilmente utilizzando carta e penna. I concetti visti, per esempio la nozione di spostamento minimo, fanno capo a concetti in realtà più complessi che derivano dal fatto che fra tante scale diverse dobbiamo cercare quelle più simili, cosa che non è facile fare a mano. Adesso vedremo quindi un esempio di come implementare una procedura automatica che si basa sul calcolo assistito da software informatico. Se questa parte vi interessa poco potete quindi saltarla a pié pari.

Prendiamo accordi diversi giusto per cambiare un po' e pensiamo di trovare le scale comuni fra l'accordo di SOL7 e quello di DO7. Rimaniamo quindi nell'ambito di un giro Blues.

Andiamo dunque a calcolare tutte le possibili scale di un accordo e di un altro, questo calcolo è fatto mediante software. Otterremo dunque tutti i possibili modi di suonare il SOL7 e il DO7 separatamente.

Ecco dunque cosa otteniamo :

DO7	SOL7
DO - RE - MI - FA# - SOL - LA - LA#	DO# - RE - MI - FA - SOL - LA - SI
DO - RE - MI - FA - SOL - LA - LA#	DO# - RE - MI - FA - SOL - SOL# - LA# - SI
DO - RE - MI - FA - SOL - SOL# - LA#	DO - RE - MI - FA - SOL - LA - SI
DO - DO# - MI - FA - SOL - SOL# - LA#	DO - RE - RE# - FA - SOL - LA - SI
DO - DO# - RE# - MI - FA# - SOL - LA - LA#	DO - RE - RE# - FA - SOL - SOL# - SI

Il metodo comparativo è stato già evocato in alternativa al metodo della griglia. Comparare le scale ci conduce alle scale comuni che possono essere suonate su una successione di accordi.

Questo metodo è meno interessante in generale rispetto al metodo della griglia perché troppo complesso e meno facile da applicare. In questo caso riprendiamo il metodo comparativo, ma lo perfezioniamo e lo adattiamo al nuovo contesto in cui per due o più accordi non esiste una scala comune.

Come si può evincere dalla tabella precedente non esistono scale comuni fra i due accordi.

Per ottenere dunque il nostro risultato il metodo comparativo si modifica nel modo seguente : invece di trovare scale comuni si cercano le scale più vicine possibili, o che è lo stesso, quelle scale tali che per evolvere fra una scala e l'altra la modifica da effettuare deve essere minima.

Se prendiamo due accordi : X e Y e chiamiamo x1,x2,x3... e y1,y2,y3... le scale utilizzabili su questi due accordi, poiché già sappiamo che nessuna scala x_i è uguale a y_j allora cerchiamo x_i e y_j tali che x_i sia il più vicino possibile a y_j.

Questa "vicinanza" si può esprimere nel modo seguente : se due scale hanno *n* note in comune il punteggio o lo "score" per queste due scale è dato proprio dal numero *n*. Ovviamente stiamo cercando le scale che massimizzano questo score.

Per effettuare questo calcolo procediamo nel modo seguente. Ogni scala può essere rappresentata in binario.

Per esempio la scala :

DO - RE - MI - FA# - SOL - LA - LA#

corrisponde a : **101010110110**

Ma che vuol dire ? In effetti abbiamo una successione di 0 e 1 per ogni semitono dal DO al SI. C'è 1 dove la nota è presente e 0 dove non c'è la nota. Quindi possiamo tradurre la tabella precedente in questo modo :

DO7	SOL7
101010110110	011011010101
101011010110	011011011011
101011011010	101011010101
110011011010	101101010101
110110110110	101101011001

Adesso dobbiamo calcolare lo "score" per ogni scala in relazione a tutte le altre scale dell'altro accordo (o degli altri accordi se facciamo un calcolo su più di due accordi).

Per esempio fra la prima scala del SOL7 e la prima del DO7 :

10**101**0**110110**

0**11011**0**10101**

Il risultato è 4, nel senso che ci sono 4 note uguali.

Andando a fare questo calcolo per tutte le combinazioni possibili otteniamo che le scale che massimizzano lo "score" sono le seguenti (in questo contesto inutile mostrare tutti i passaggi):

DO7	SOL7
DO - RE - MI - FA - SOL - LA - LA#	DO - RE - MI - FA - SOL - LA - SI

Con uno score di 6 che è il massimo possibile in questo caso specifico.

Ovvviamente in questo caso potevamo evitare di passare dalla traduzione della scala in binario, ma questo tipo di approccio è adatto al calcolo assistito da software.

⚠ Questi risultati sono stati ottenuti in maniera automatica e mostrano che la teoria dei due semitoni produce risultati "standard", totalmente allineati con quelli che vengono proposti convenzionalmente.

Rimane sempre la libertà interpretativa, il fatto di potere scegliere altre scale e di sperimentare a piacere e in piena libertà qualsiasi via armonica che piaccia e risulti gradita all'orecchio umano.

In effetti se consideriamo che questo procedimento automatico ci ha dato questi risultati :

DO7	SOL7
DO - RE - MI - FA# - SOL - LA - LA#	DO# - RE - MI - FA - SOL - LA - SI
DO - RE - MI - FA - SOL - LA - LA#	DO# - RE - MI - FA - SOL - SOL# - LA# - SI
DO - RE - MI - FA - SOL - SOL# - LA#	DO - RE - MI - FA - SOL - LA - SI
DO - DO# - MI - FA - SOL - SOL# - LA#	DO - RE - RE# - FA - SOL - LA - SI
DO - DO# - RE# - MI - FA# - SOL - LA - LA#	DO - RE - RE# - FA - SOL - SOL# - SI

... possiamo sempre sperimentare e utilizzare una qualsiasi di queste 5 scale per ogni accordo (attenzione perché si tratta di 10 scale diverse evidentemente).

E ora, prima di concludere questa sezione del libro, vorrei introdurre, en passant, un concetto molto interessante, una specie di stratagemma per imbrogliare e suonare con una stessa scala accordi che apparentemente si suonano su due tonalità diverse.

10.   La scala ridotta

Dall'esempio precedente ci accorgiamo che la sequenza SOL7 | DO7 non funziona, non ci possono essere scale comuni. L'intersezione dei 2 accordi produce un **tri-semitono**.

Il tri-semitono tale e quale non ci consente di andare avanti con la costruzione della scala comune fra l'accordo di SOL7 et quello del DO7. Dunque l'idea è quella di suonare tutte le altre note evitando di suonare il tri-semitono !

Prendiamo l'esempio e guardiamo la griglia :

Accordo	DO	DO#	RE	MIb	MI	FA	FA#	SOL	SOL#	LA	SIb	SI
SOL7			♩		♩		♩					♩
DO7	♩			♩				♩			♩	
TOT	♩		♩		♩	♩		♩			♩	♩
	X		X		X	X		X			x	x

Ecco dunque che il tri-semitono appare : SIb-SI-DO

88

Il problema che allora ci poniamo è il seguente : se vogliamo spezzare il tri-semitono quale note dobbiamo escludere ?

⚠️ Attenzione queste note le escluderemo dalla scala, ma esistono perché vengono suonate dai due accordi alternativamente. Dunque il fatto di escluderle è solo un fatto di comodo.

Se indichiamo le tre note da analizzare con TS (tri-semitono), abbiamo :

Accordo	DO	DO#	RE	MIb	MI	FA	FA#	SOL	SOL#	LA	SIb	SI
SOL7			♩		♩			♩				♩
DO7	♩			♩				♩			♩	
TOT	♩	♩		♩	♩			♩			♩	♩
	TS	X		X	X			X			TS	TS

Potremmo escludere il DO e il SI, e lasciare il SIb. Oppure possiamo lasciare il DO e escludere il SIb et il SI. Insomma dobbiamo capire cosa fare.

Dunque ragioniamo come se volessimo suonare i due accordi con due scale diverse, cosa che, se ripetiamo il procedimento del metodo della griglia o di quello comparativo, ci porterà ad una conclusione analoga a quella già vista in precedenza.

Dobbiamo suonare la scala di DO quando siamo il SOL7 e la scala di FA quando suoniamo nell'accordo di DO7.

Ci sarà quindi fra le due scale almeno una nota che si sposterà nel passaggio fra un accordo e un altro.

Nel nostro caso questa nota è il SIb in DO7 che si sposta sul SI quando siamo nell'accordo di SOL7.

La griglia si completerà dunque nel modo seguente :

Accordo	DO	DO#	RE	MIb	MI	FA	FA#	SOL	SOL#	LA	SIb	SI
SOL7			♩			♩		♩				♩
DO7	♩				♩			♩			♩	
TOT	♩		♩		♩	♩		♩			♩	♩
Scala da usare in SOL7	X		X		X	X		X		X	⇨	X
Scala da usare in DO7	X		X		X	X		X		X	**X** ⇦	

Adesso il problema è: se dobbiamo escludere dal tri-semitono alcune note che non vogliamo suonare, quali note escluderemmo ? La risposta a questo punto è scontata. Toglieremo il SIb et il SI per il semplice fatto che queste due note vanno suonate alternativamente nel passaggio fra un accordo e l'altro; mentre invece lascieremo il DO che possiamo suonare in entrambi gli accordi.

L'esclusione di queste due note è strategica. Poiché dovremmo prestare molta attenzione a suonarle correttamente e alternativamente nel passaggio fra il SOL7 e il DO7, la cosa più semplice che possiamo fare è quella di eliminarle del tutto. In tal modo possiamo suonare le altre note senza preoccuparci del cambio di tonalità.

Ecco dunque il risultato :

Accordo	DO	DO#	RE	MIb	MI	FA	FA#	SOL	SOL#	LA	SIb	SI
SOL7			♩		♩			♩				♩
DO7	♩				♩			♩		♩		
TOT	♩		♩		♩	♩		♩			♩	♩
Scala da usare in SOL7	X		X		X	X		X		X	⇨	X
Scala da usare in DO7	X		X		X	X		X		X	X⇦	
Scala ridotta da usare in DO7 o in SOL7	**X**		**X**		**X**	**X**		**X**		**X**		

Lesclusione di alcune note può avvenire del resto anche se non siamo in presenza di un tri-semitono. Possiamo in effetti imaginare di ottenere scale molto semplici e con poche note che suonano bene anche su accordi che sono molto dissimili.

Il concetto è semplice. Abbiamo una griglia molto complessa con molti cambiamenti di tonalità. Prima di tutto dobbiamo smontare tutti i tri-semitoni col metodo appena illustrato.

Ma possiamo anche togliere altre note se lo vogliamo.

Partendo dal risultato appena ottenuto, immaginiamo per esempio di togliere il LA dalla scala ridotta e vediamo di capire che cosa otteniamo (l'esempio è un po' fazioso perché so dove vado a parare) :

Accordo	DO	DO#	RE	MIb	MI	FA	FA#	SOL	SOL#	LA	SIb	SI
SOL7			♩			♩		♩				♩
DO7	♩				♩			♩			♩	
TOT	♩		♩		♩	♩		♩			♩	♩
Scala da usare in SOL7	X		X		X	X		X		X	⇨	X
Scala da usare in DO7	X		X		X	X		X		X	X ⇦	
Scala ridotta n°1 *da usare in DO7 o in SOL7*	X		X		X	X		X		X		
Scala ridotta n°2 *da usare in DO7 o in SOL7*	X		X		X			X		X		

Otteniamo la famosa pentatonica.

11. La ricerca delle tonalità

Fino ad ora abbiamo avuto modo di familiarizzare col teorema dei due semitoni per trovare tutte le scale possibili di un singolo accordo, poi abbiamo fatto qualche esempio (lo scopo non era certo quello di mettere in rassegna tutti gli accordi possibili, ma solo quello di mostrare come funzioni il metodo).

Abbiamo poi affrontato il problema del cambio di tonalità e visto i due metodi che possono essere utilizzati per individuare il cambio del centro tonale.

Adesso ci spingiamo oltre, utilizzando tutto quello che abbiamo visto in precedenza.

Abbiamo uno scopo molto semplice. Data una griglia di accordi qualsiasi, come individuare le scale che possiamo utilizzare in ogni singola sezione della griglia di accordi ?

Prendiamo questo esempio :

LAm | REm | SOL7 | DOm | FA7 | SIbmaj7

Sappiamo che dal LAm al SOL7 siamo in tonalità di DO. Il SOL7 (settima dominante) evolve naturalmente verso il DO, ma in questo caso incontrerà il DOm. Siamo in presenza di un cambio di tonalità. In effetti DOm, FA7 et SIbMaj7 è una classica sequenza seconda, quinta, prima. Siamo in effetti in tonalità di SIb.

Questo lo sappiamo dall'armonia per come la conosciamo, ma vorremmo applicare il teorema dei due semitoni a questa griglia di accordi e trovare questi stessi risultati in maniera agnostica.

Come si fa ?

Il procedimento è molto semplice e facilmente implementabile con l'ausilio di software informatico.

Si parte dal primo accordo, il LAm. Lo disponiamo sulla tabella come già abbiamo fatto in precedenza :

Accordo	DO	DO#	RE	MIb	MI	FA	FA#	SOL	SOL#	LA	SIb	SI
LAm	♩				♩					♩		
TOT	♩				♩					♩		
scala	X				X					X		

La linea TOT mostra le stesse note del LAm, e le X cominciano ad apparire, essendo necessariamente presenti nella scala suonata sul LAm (primo principio armonico ricordate?). Aggiungiamo adesso il REm

Accordo	DO	DO#	RE	MIb	MI	FA	FA#	SOL	SOL#	LA	SIb	SI
LAm	♩				♩					♩		
REm			♩			♩				♩		
TOT	♩		♩		♩	♩				♩		
scala	X		X		X	X				X		

La scala continua a riempirsi. Non abbiamo ancora nessun tri-semitono, possiamo continuare.

94

Passiamo dunque al SOL7 :

Accordo	DO	DO#	RE	MIb	MI	FA	FA#	SOL	SOL#	LA	SIb	SI
LAm	♩				♩					♩		
REm			♩			♩				♩		
SOL7			♩			♩		♩				♩
TOT	♩		♩		♩	♩				♩		
scala	X		X		X	X		X		X		X

La scala è adesso completa. Si riconosce facilmente che si tratta della scala di DO maggiore. Non possiamo d'altra parte aggiungere nessuna nota altrimenti verrebbe fuori un tri-semitono.

Questo non ci impedisce di aggiungere degli accordi, in quanto potrebbero essere costituiti dalle stesse note della scala di DO.

Ma non ci poniamo troppe domande e continuiamo aggiungendo il DOm:

Accordo	DO	DO#	RE	MIb	MI	FA	FA#	SOL	SOL#	LA	SIb	SI
LAm	♩				♩					♩		
REm			♩			♩				♩		
SOL7			♩			♩		♩				♩
DOm	♩			♩				♩				
TOT	♩		♩	♩	♩					♩		
scala	X		X	X	X	X		X		X		X

Come ben si puo' notare l'aggiunta del DOm ha creato una scala nella quale sono presenti RE, MIb,MI,FA : quattro note spaziate ognuna dall'altra di un semitono.

La conseguenza è che il DOm non può essere suonato nella scala del DO maggiore, e che quindi occorre interrompere la tonalità precedente e aprire una nuova tonalità.

Possiamo quindi affermare che suoneremo il LAm, REm e il SOL7 in DO e che per gli accordi successivi ci sarà certamente una nuova tonalità (non sappiamo ancora quale essa sia).

Il procedimento per scoprire la nuova (o le nuove) tonalità è lo stesso, ma occorre ricominciare da zero, partendo con il DOm :

Accordo	DO	DO#	RE	MIb	MI	FA	FA#	SOL	SOL#	LA	SIb	SI
DOm	♩			♩				♩				
TOT	♩			♩				♩				
scala	X			X				X				

Al quale aggiungeremo via, via gli altri accordi, per intanto il FA7 :

Accordo	DO	DO#	RE	MIb	MI	FA	FA#	SOL	SOL#	LA	SIb	SI
DOm	♩			♩				♩				
FA7	♩			♩	♩					♩		
TOT	♩			♩				♩				
scala	X			X	X			X		X		

Per il momento nessun tri-semitono è apparso, possiamo continuare con il SIbMaj7 :

96

Accordo	DO	DO#	RE	MIb	MI	FA	FA#	SOL	SOL#	LA	SIb	SI
DOm	♩			♩				♩				
FA7	♩			♩		♩				♩		
SIb Maj7			♩			♩				♩	♩	
TOT	♩			♩				♩				
scala	X		X	X		X		X		X	X	

Nessun tri-semitono e la scala ottenuta è quella del SIb maggiore.

La griglia di accordi è finita e in definitiva abbiamo ottenuto il seguente risultato :

Accordo	DO	DO#	RE	MIb	MI	FA	FA#	SOL	SOL#	LA	SIb	SI
LAm												
REm					Scala di DO							
SOL7												
DOm												
FA7					Scala di SIb							
SIb Maj7												

Che è per l'appunto lo stesso risultato che ci aspettavamo.

Pratica

Questa parte pratica ci permetterà di sperimentare quello che abbiamo appreso nella sezione teorica.

Verranno prese in considerazione delle tipiche (o atipiche) evoluzioni armoniche che saranno quindi analizzate, in primis con la teoria classica dell'armonia, per poi andare a esplorare i risultati ottenuti dal metodo dei due semitoni e infine comparare i due approcci.

Certo, per molti esempi i risultati non saranno affatto rivoluzionari. Ma c'è da dire che il fatto di ottenerli mediante questo metodo conferma la validità dei due principi evocati all'inizio, e ciò mostrerà che questa teoria può diventare realmente uno strumento interessante al servizio della creatività e della sperimentazione.

Alcune di queste applicazioni pratiche faranno uso implicito di calcolo assistito da applicazioni informatiche.

Queste applicazioni verranno rese pubbliche su piattaforma web al fine di consentire a chiunque di utilizzarle gratuitamente e con esse sperimentare la teoria dei due semitoni.

12.   Il pedale

Cos'è un "pedale" ???

Immaginate di avere una sezione ritmica che suona una ritmica qualsiasi (scusata la ripetizione , ma non mi viene un altro modo di dirlo).

A questa sezione ritmica si sovrappone una nota qualsiasi suonata dal contrabbasso per esempio. Nessun altro strumento suona, o meglio se qualche strumento suona produce SOLO quella nota, per esempio un DO.

Immaginate ora che un sax su questa nota debba fare un solo. Su che scale il sax può suonare ?

Istintivamente ci viene da dire che può fare ciò che vuole, ma è davvero così ? Se vogliamo rispettare il principio n° 3 e quindi suonare delle scale che abbiano fra una nota e l'altra un intervallo di massimo un tono e mezzo... quali sono le possibili scale che possiamo suonare ? Sono infinite ? Beh, semplicemente applichiamo il nostro metodo.

Accordo	DO	DO#	RE	MIb	MI	FA	FA#	SOL	SOL#	LA	SIb	SI
pedale	♩											
TOT	♩											
scala	**X**											

L'unico vincolo lo vediamo bene, è che dobbiamo suonare il DO. Possiamo allora per esempio cominciare con l'aggiungere il DO# (stiamo costruendo una delle innumerevoli scale possibili) :

Accordo	DO	DO#	RE	MIb	MI	FA	FA#	SOL	SOL#	LA	SIb	SI
pedale	♩											
TOT	♩											
scala	X	X										

Dopo il DO# non possiamo aggiungere il RE. Siamo liberi di aggiungere il MIb oppure il MI. Per esempio aggiungiamo il MI.

Accordo	DO	DO#	RE	MIb	MI	FA	FA#	SOL	SOL#	LA	SIb	SI
pedale	♩											
TOT	♩											
scala	X	X			X							

L'intervallo aggiunto è di un tono e mezzo. Ok, questa scala suonerà arabeggiante. Possiamo continuare e aggiungere per esempio il FA o il FA#, per esempio aggiungiamo il FA#.

Accordo	DO	DO#	RE	MIb	MI	FA	FA#	SOL	SOL#	LA	SIb	SI
pedale	♩											
TOT	♩											
scala	X	X			X		X					

Senza andare per il sottile completiamo la scala in modo arbitrario :

Accordo	DO	DO#	RE	MIb	MI	FA	FA#	SOL	SOL#	LA	SIb	SI
pedale	♩											
TOT	♩											
scala	X	X			X		X		X		X	

100

(non potendo aggiungere il SI, mi fermo al SIb).

Che scala abbiamo ottenuto ? Non è ho idea, se invece del DO# avessi un RE sarebbe una scala esatonale.

Ma non importa. Se provate a suonare questa scala sul DO funziona benissimo. Certo a questo punto ci facciamo aiutare dal computer perché sarebbe una follia andare a cercare tutte le scale a mano.

Si potrebbe certo fare. Ogni volta che si aggiunge una nota vanno considerate tutte le possibilità di aggiungerne altre, e per ognuna di esse va rifatto un calcolo ricorsivo. Vanno dunque esplorati tutti gli alberi che soddisfano il primo, secondo e terzo principio armonico.
Scherzo ! E' proprio la classica operazione che va assolutamente automatizzata. Per cui, fatto il calcolo ecco i risultati :

Pedale in DO	
Scale arabeggianti	**Scale classiche**
DO - RE# - MI - FA# - SOL - LA - SI	DO - RE - MI - FA# - SOL# - LA#
DO - RE - MI - FA - SOL# - LA - SI	DO - RE - MI - FA# - SOL# - LA - SI
DO - RE - RE# - FA# - SOL - LA - LA#	DO - RE - MI - FA# - SOL - LA - SI
DO - RE - RE# - FA - SOL - SOL# - SI	DO - RE - MI - FA# - SOL - LA - LA#
DO - DO# - MI - FA - SOL - SOL# - LA#	DO - RE - MI - FA - SOL - LA - SI
DO - DO# - RE# - FA - FA# - LA - LA#	DO - RE - MI - FA - SOL - LA - LA#
DO - DO# - RE# - MI - FA# - SOL# - LA	DO - RE - MI - FA - SOL - SOL# - LA#
	DO - RE - RE# - FA - SOL - LA - SI
	DO - RE - RE# - FA - SOL - LA - LA#
	DO - RE - RE# - FA - SOL - SOL# - LA#
	DO - RE - RE# - FA - FA# - SOL# - LA#
	DO - RE - RE# - FA - FA# - SOL# - LA - SI
	DO - DO# - RE# - FA - SOL - LA - LA#
	DO - DO# - RE# - FA - SOL - SOL# - LA#
	DO - DO# - RE# - FA - FA# - SOL# - LA#
	DO - DO# - RE# - MI - FA# - SOL# - LA#
	DO - DO# - RE# - MI - FA# - SOL - LA - LA#

Si tratta di 24 scale di cui 7 un po' particolari perché in esse sono presenti salti di un tono e mezzo fra una nota e l'altra.

Da notare che la scala diminuita, apparentemente non presente, è invece una sottoscala della semitono tono, ben presente (ultima scala colonna a destra) :

DO - DO# - RE# - MI - FA# - SOL - LA - LA#

Possiamo dire che è quindi una scala ridotta :

DO - RE# - FA# - LA

Da notare che un'altra scala semitono tono è presente :

DO - RE - RE# - FA - FA# - SOL# - LA - SI

dalla quale si evince la diminuita :

DO - RE# - FA# - LA - SI

Delle 3 possibili semitono tono ne abbiamo quindi solo due. E ciò è ovvio perché l'altra non passa per il DO :

DO# - RE - MI - FA - SOL - SOL# - Sib - SI

Se sovrapponessimo questa scala all'accordo (?!?!) o meglio dire alla nota di DO avremmo infatti un tri-semitono e ciò contraddice il secondo principio armonico.

Immaginiamo adesso di spostare il pedale di un semitono.

Pensiamo cioè che dopo aver suonato con pedale in DO il contrabbasso suona il DO#. Attenzione sempre di pedale si tratta, quindi nessun altro strumento suona alcunché tranne il DO#.

Per esempio per quattro battute si suona il Do, e per altre quattro il DO#.

Ci poniamo dunque il seguente problema : è possibile che passando al DO# ci possa essere almeno una scala che continua ad essere valida (che suonavamo ovviamente quando il pedale era in DO) ?

Il problema equivale ad impostare il calcolo mettendo come vincolo il DO e il DO# (ricordate è esattamente quello che abbiamo fatto con gli accordi, ma qui l'accordo è composto da una sola nota) .

Dunque abbiamo :

note	DO	DO#	RE	MIb	MI	FA	FA#	SOL	SOL#	LA	SIb	SI
Pedale 1	♩											
Pedale 2		♩										
TOT	♩	♩										
scala	X	X										

A questo punto dovremmo ripartire e ricalcolare tutte le combinazioni. Ma in effetti se il calcolo diventa più restrittivo basta partire dai risultati ottenuti in precedenza e eliminare tutte le scale che non sono più coerenti con nuovo vincolo. Partiamo dunque dal risultato precedente, e eliminiamo le scale non più compatibili :

Scale arabeggianti	Scale classiche
~~DO - RE# - MI - FA# - SOL - LA - SI~~	~~DO - RE - MI - FA# - SOL# - LA#~~
~~DO - RE - MI - FA - SOL# - LA - SI~~	~~DO - RE - MI - FA# - SOL# - LA - SI~~
~~DO - RE - RE# - FA# - SOL - LA - LA#~~	~~DO - RE - MI - FA# - SOL - LA - SI~~
~~DO - RE - RE# - FA - SOL - SOL# - SI~~	~~DO - RE - MI - FA# - SOL - LA - LA#~~
DO - DO# - MI - FA - SOL - SOL# - LA#	~~DO - RE - MI - FA - SOL - LA - SI~~
DO - DO# - RE# - FA - FA# - LA - LA#	~~DO - RE - MI - FA - SOL - LA - LA#~~
DO - DO# - RE# - MI - FA# - SOL# - LA	~~DO - RE - MI - FA - SOL - SOL# - LA#~~
	~~DO - RE - RE# - FA - SOL - LA - SI~~
	~~DO - RE - RE# - FA - SOL - LA - LA#~~
	~~DO - RE - RE# - FA - SOL - SOL# - LA#~~
	~~DO - RE - RE# - FA - FA# - SOL# - LA#~~
	~~DO - RE - RE# - FA - FA# - SOL# - LA - SI~~
	DO - DO# - RE# - FA - SOL - LA - LA#
	DO - DO# - RE# - FA - SOL - SOL# - LA#
	DO - DO# - RE# - FA - FA# - SOL# - LA#
	DO - DO# - RE# - MI - FA# - SOL# - LA#
	DO - DO# - RE# - MI - FA# - SOL - LA - LA#

Di queste scale quelle eliminate sono tali che aggiungendo il DO# viene fuori un tri-semitono.

Vanno dunque escluse tutte le scale che contengono DO - RE oppure SI-DO. In entrambi i casi infatti si avrebbero due tri-semitoni, rispettivamente : <u>DO, DO#, RE</u> e <u>SI,DO,DO#</u>

Togliendo quindi tutte le scale che contendono DO - RE oppure SI-DO otteniamo :

Pedale in DO, alternato col DO#	
Scale arabeggianti	**Scale classiche**
DO - DO# - MI - FA - SOL - SOL# - LA#	DO - DO# - RE# - FA - SOL - LA - LA#
DO - DO# - RE# - FA - FA# - LA - LA#	DO - DO# - RE# - FA - SOL - SOL# - LA#
DO - DO# - RE# - MI - FA# - SOL# - LA	DO - DO# - RE# - FA - FA# - SOL# - LA#
	DO - DO# - RE# - MI - FA# - SOL# - LA#
	DO - DO# - RE# - MI - FA# - SOL - LA - LA#

Da 24 scale siamo passati a 8 scale possibili, che ci permettono di suonare indifferentemente col pedale in DO o in DO#.

13.   Suonare free ?

Che vuol dire suonare free ? In pratica significa suonare tutto quello che si vuole. Non ci sono più vincoli, qualsiasi scala puo' essere suonata. Ok. Ma per noi cosa significa ? Forse non significa nulla. Anche perché il metodo dei due semitoni si basa comunque su 2 principi (ricordo che il terzo è una sorta di corollario). E se ci sono due principi significa che il free non esiste.

Ma cosa può esistere per noi ? L'unica cosa che possiamo fare se vogliamo non avere vincoli è quella di suonare senza accordo, che nel nostro modo di esprimere la cosa può raffigurarsi nel modo seguente :

Accordo	DO	DO#	RE	MIb	MI	FA	FA#	SOL	SOL#	LA	SIb	SI
Il nulla												
TOT												
scala												

Siamo in effetti liberi di costruire la scala come vogliamo, senza vincoli di alcun modo, infatti l'accordo o gli accordi della griglia non esistono.

Se però vogliamo applicare il metodo dei due semitoni quante scale otteniamo ? Si potrebbe pensare che se per un pedale abbiamo ottenuto 24 scale a questo punto possiamo averne molte, molte di più. Ma non è così.

Il calcolo è presto fatto (grazie al computer) e si ottiene il risultato seguente :

Scale arabeggianti	Scale "normali"
RE - RE# - FA - FA# - SOL# - LA# - SI - DO# - RE# - MI - SOL - SOL# - LA# - SI - DO# - RE - MI - FA# - SOL - LA# - SI - DO# - RE - MI - FA - SOL - LA - LA# - DO - RE# - MI - FA# - SOL - LA - SI - DO - RE - RE# - FA - SOL - SOL# - SI - DO - RE - MI - FA - SOL# - LA - SI - DO - RE - RE# - FA# - SOL - LA - LA# - DO - DO# - MI - FA - SOL - SOL# - LA# - DO - DO# - RE# - FA - FA# - LA - LA# - DO - DO# - RE# - MI - FA# - SOL# - LA -	DO# - RE# - FA - SOL - LA - SI - DO# - RE# - FA - FA# - SOL# - LA# - SI - DO# - RE# - MI - FA# - SOL# - LA# - SI - DO# - RE# - MI - FA# - SOL# - LA - SI - DO# - RE# - MI - FA# - SOL - LA - SI - DO# - RE - MI - FA# - SOL# - LA# - SI - DO# - RE - MI - FA# - SOL# - LA - SI - DO# - RE - MI - FA# - SOL - LA - SI - DO - RE - MI - FA# - SOL# - LA# - DO - RE - MI - FA# - SOL# - LA - SI - DO - RE - MI - FA# - SOL - LA - SI - DO - RE - MI - FA# - SOL - LA - LA# - DO - RE - MI - FA - SOL - LA - SI - DO - RE - MI - FA - SOL - LA - LA# - DO - RE - RE# - FA - SOL - LA - SI - DO - RE - RE# - FA - SOL - SOL# - LA# - DO - RE - RE# - FA - FA# - SOL# - LA# - DO - RE - RE# - FA - FA# - SOL# - LA - SI - DO - DO# - RE# - FA - SOL - LA - LA# - DO - DO# - RE# - FA - SOL - SOL# - LA# - DO - DO# - RE# - FA - FA# - SOL# - LA# - DO - DO# - RE# - MI - FA# - SOL# - LA# - DO - DO# - RE# - MI - FA# - SOL - LA - LA# -

Si ottengono :

- 11 scale arabeggianti

- 23 scale "normali"

Ricordo che "normali" significa che fra una nota e l'altra della scala vi è al massimo un tono.

Diciamo che queste 34 scale rappresentano tutte le possibili scale che rispettano la teoria dei due semitoni.

Ma se davvero vogliamo immaginare di essere ancora più free di così, che cosa vorrà significare ? Beh, intanto che non rispettiamo più il secondo principio armonico, dunque potremmo suonare delle successioni di semitoni, per esempio. Questo (che ovviamente è possibile anche suonando in maniera tonale) significa produrre dei tipici cromatismi certamente legittimi, ma che in genere colorano e abbelliscono qualsiasi musica, creando tensioni inusuali.

Per il resto, cromatismi esclusi, suonare totalmente free significa passare da una di queste 34 scale ad un'altra. Tutto qui, non si scappa. Beh, le note sono 12 in fin dei conti...

14. Un accordo complicato ?

Che vuol dire per noi un accordo complicato ? La parola complicato non è adatta. Possiamo dire invece un accordo molto vincolante.

In effetti se pensiamo ad un semplice SI maggiore, esso produce 3 vincoli, il SI, il MIb e il FA#. Aggiungere note ad un accordo per noi significa avere una minore probabilità di potere incrociare quell'accordo con un altro senza produrre un tri-semitono, o più semplicemente, la probabile impossibilità di avere fra quell'accordo ed un altro una scala comune.

Dunque prendiamo un accordo un po' articolato composto dalle note seguenti :

{SI - MIb - LA - RE - SOL }

Come si possa chiamare non saprei. Diciamo un SI7 alterato con la terza minore e la 9+ ??? (Pr me francamente un nome vale l'altro, mi interessano solamente le note che lo compongono).

Mettiamo questo accordo nella nostra tabella abituale :

Accordo	DO	DO#	RE	MIb	MI	FA	FA#	SOL	SOL#	LA	SIb	SI
SI alterato			♩	♩				♩		♩		♩
TOT			♩	♩				♩		♩		♩
scala			**X**	**X**				**X**		**X**		**X**

Completiamo ora la scala :

Il DO è d'obbligo, in quanto il DO# non è consentito.

Se ora vogliamo evitare la scala arabeggiante (perché no, ma insomma...) scegliamo dunque il FA.

Accordo	DO	DO#	RE	MIb	MI	FA	FA#	SOL	SOL#	LA	SIb	SI
SI alterato			♩	♩				♩		♩		♩
TOT			♩	♩				♩		♩		♩
scala	**X**		X	X	**X**			X		X		X

Le due note aggiunte ci conducono alla scala seguente :

DO - RE - MIb - FA - SOL - LA - SI

che è la scala di DO maggiore alterata con la terza minore, oppure chiamatela come preferite (DO minore melodica, SI superlocria...)

Come possiamo vedere, più l'accordo è composto di tante note, meno scale si ottengono.

E se io volessi a ritroso cercare tutti gli accordi che posso suonare su questa scala oltre quello che l'ha generata ?

Il gioco è presto fatto.

Basta costruire questi accordi sulla scala ottenuta.
Per esempio otteniamo l'accordo composto dalle note in grassetto :

DO - RE - MIb - **FA** - SOL - **LA** - SI

Che è un FA maggiore.

Del resto se viceversa avessi cercato la scala a partire dal SI7 alterato di prima, messo in sequenza con un FA maggiore avrei ottenuto :

Accordo	DO	DO#	RE	MIb	MI	FA	FA#	SOL	SOL#	LA	SIb	SI
SI alterato			♩	♩				♩		♩		♩
FA	♩				♩					♩		
TOT	♩		♩	♩		♩		♩		♩		♩
scala	X		X	X		X		X		X		X

... e la scala sarebbe venuta fuori direttamente senza dovere aggiungere alcuna nota. Il risultato sarebbe stato valido in quanto nessun tri-semitono è apparso dall'incrocio dei due accordi.

Analogamente possiamo aggiungere il SOL7 e costruire la scala col metodo abituale, rendendoci conto che la stessa scala va bene per tutti e tre gli accordi :

Accordo	DO	DO#	RE	MIb	MI	FA	FA#	SOL	SOL#	LA	SIb	SI
SI alterato			♩	♩				♩		♩		♩
FA	♩				♩					♩		
SOL7			♩			♩		♩		♩		
TOT	♩		♩	♩		♩		♩		♩		♩
scala	X		X	X		X		X		X		X

Anche qui nulla è cambiato, l'incrocio dei tre accordi dà sempre la stessa scala.

15.   Le apparenze ingannano

A volte abbiamo l'impressione che fra un accordo e un altro si debba per forza di cose cambiare scala perché intuiamo un cambiamento del centro tonale.

Un esempio abbastanza semplice è la successione infinita dei due accordi seguenti :

FA | FAm

Ci sembra in effetti che passando dal FA al FA minore la tonalità si sposti da quella maggiore a quella minore.

E' possibile, per carità. La linea melodica in tal caso deve seguire le due scale di FA maggiore e FA minore alternativamente, cosa che di fatto sposterà le note della scala di FA di tre semitoni in avanti ogni qual volta si arriva sul FAm e tre semitoni indietro quando si ritorna in FA.

Detto questo possiamo anche interpretare il FA maggiore come il settimo grado del SOL minore e suonare quindi il FA con la scala di SOL minore. Arrivati al FAm dobbiamo quindi spostare le note della scala di SOLm di due semitoni indietro, per poi rispostare la scala di due semitoni in avanti quando ritorniamo all'accordo di FA.

Ovviamente anche il FA minore può essere interpretato diversamente per esempio l'accordo costruito sul quinto grado della scala di DOm.

In ogni caso tutte queste considerazioni provenienti dall'armonia classica ci interessano solo per inquadrare il problema.

Noi ci poniamo invece un altro quesito. Esiste una scala che possa suonare bene per questa successione di accordi ? O in generale per qualsiasi successione di un accordo maggiore con quello minore ?

Andiamo a scoprire se questo è possibile e mettiamo in tabella in FA e il FAm :

Accordo	DO	DO#	RE	MIb	MI	FA	FA#	SOL	SOL#	LA	SIb	SI
FA	♩					♩				♩		
FAm	♩					♩			♩			
TOT	♩					♩			♩	♩		♩
scala	X					X			X	X		X

Quante scale possiamo ottenere ? Non possiamo aggiungere il DO#. Cominciamo ad aggiungere il RE.

Accordo	DO	DO#	RE	MIb	MI	FA	FA#	SOL	SOL#	LA	SIb	SI
FA	♩					♩				♩		
FAm	♩					♩			♩			
TOT	♩					♩			♩	♩		♩
scala	X	**X**				X			X	X		X

A questo punto ci sono due possibilità :

Prima possibilità :

Possiamo aggiungere il MIb, ma allora siamo costretti ad aggiungere il FA# :

Accordo	DO	DO#	RE	MIb	MI	FA	FA#	SOL	SOL#	LA	SIb	SI
FA	♩				♩				♩			
FAm	♩				♩			♩				
TOT	♩				♩				♩	♩		♩
scala	X		X	**X**	X	**X**		X	X			X

Infatti non possiamo più aggiungere il MI e nemmeno il SOL.
La scala ottenuta è una semitono tono.

Seconda possibilità :

Aggiungiamo il MI.

Accordo	DO	DO#	RE	MIb	MI	FA	FA#	SOL	SOL#	LA	SIb	SI
FA	♩				♩				♩			
FAm	♩				♩			♩				
TOT	♩				♩				♩	♩		♩
scala	X		X	**X**	X			X	X			X

Cosa succede ora ? Possiamo aggiungere il FA# ? No, perché avendo aggiunto il MI formerebbe un tri-semitono con il FA. Non possiamo nemmeno aggiungere il SOL. Non possiamo aggiungere nulla. Abbiamo finito.

Che scala è ?
Si tratta di una scala di LA minore armonica.

Questo esempio mostra come possano esistere vie inesplorate (o poco esplorate) che vengono fuori dal nostro calcolo puramente agnostico.

113

Una delle tre scale semitono tono e una scala minore armonica possono suonare bene su una successione di accordi maggiori e minori, questo il risultato nudo e crudo.

⚠ Attenzione. Come detto in precedenza, il vincolo dell'accordo e i risultati che ne derivano valgono solo per quell'accordo (o quella serie di accordi) e non per accordi simili.
Se invece del FAm mettessimo un FAm7 cosa succederebbe ?
(Alternanza di Fa e FAm7). Andiamolo a vedere :

Accordo	DO	DO#	RE	MIb	MI	FA	FA#	SOL	SOL#	LA	SIb	SI
FA	♩					♩				♩		
FAm7	♩			♩	♩				♩			
TOT	♩			♩	♩					♩	♩	♩
scala	X			X	X					X	X	X

Avendo aggiunto anche la settima del FAm non possiamo fare altro che aggiungere il RE e il FA# ottenendo la sola scala semitono tono :

Accordo	DO	DO#	RE	MIb	MI	FA	FA#	SOL	SOL#	LA	SIb	SI
FA	♩					♩				♩		
FAm7	♩		♩		♩				♩			
TOT	♩				♩					♩	♩	♩
scala	X		**X**	X		X	**X**			X	X	X

⚠ Queste considerazioni ci conducono ad un'altra osservazione ben più importante. Immaginiamo di volere suonare la successione FA | Fam

114

utilizzando la scala di LAm armonica come per l'appunto abbiamo visto sia possibile.

Per fare ciò dobbiamo essere sicuri che nessuno (per esempio chi ci accompagna) suoni la nota MIb, altrimenti ci sarebbe una dissonanza prodotta dal tri-semitono RE, MIb, MI ottenuto fra le due note RE e MI della nostra scala, e la nota MIb che dà la settima al FAm.

Per evitare questo tipo di problema dobbiamo fare attenzione e scrivere il FA e il FAm diversamente, aggiungendo dunque all'accordo l'esplicita menzione della nota MI contenuta nella nostra scala.

Questo ovviamente è in totale accordo con la costruzione della nostra scala e ci evita di scrivere una griglia di accordi troppo imprecisa e generica, visto che se un musicista vede un LAm è portato ad interpretarlo un po' come vuole.

La notazione della griglia sarà dunque la seguente :

FAMaj7 | FAmMaj7

Un musicista che vede questi accordi non suonerà certamente mai la nota di MIb.

⚠️ Indubbiamente sembra un po' il mondo al contrario. Infatti in genere siamo abituati a vedere una griglia di accordi e a doverla interpretare. Ma in fase compositiva siamo più tentati di partire dalla linea melodica, e la costruzione degli accordi ne è la conseguenza.

Questo metodo ci consente di fare un po' tutte e due le cose. Partendo infatti da due o più accordi (i più semplici possibili) troviamo una scala per suonarli, ed è infine la stessa scala che imporrà le proprie note, consentendoci in un secondo momento di completare gli accordi.

Accordi uguali distanti un semitono

Ci poniamo un quesito : quali sono le condizioni necessarie al fine di dire che due accordi in sequenza distanti l'uno dall'altro un semitono possano avere delle scale comuni ?

Faccio questo esempio perché mostra bene come la teoria dei due semitoni possa farci "ragionare" in modo diverso e la sua applicazione diventta a volte quasi intuitiva.

Dunque riveniamo al quesito. Quando l'incrocio fra due accordi distanti un semitono l'uno dall'altro potrà dare luogo ad una scala comune ? Immaginiamo di spostare le note di un semitono. Cosa succede in funzione degli intervalli fra una nota e l'altra ?

Accordo contenente intervalli minimi di 3 semitoni

Immaginiamo che l'accordo abbia da qualche parte un intervallo di un tono e mezzo fra una nota e l'altra (non importa dove), per esempio :

DO	DO #	RE	MIb	MI	FA	FA#	SOL	SOL #	LA	SIb	SI
		X			X						

Disponiamo nella griglia il secondo accordo (le note le rappresentiamo con il carattere Y) :

DO	DO #	RE	MIb	MI	FA	FA#	SOL	SOL #	LA	SIb	SI
		X	Y		X	Y					

Questa disposizione funziona.

Accordo contenente intervalli minimi di 2 semitoni

Immaginiamo di avere invece un accordo contenente intervalli di un tono (per esempio un accordo di settima) :

DO	DO #	RE	MIb	MI	FA	FA#	SOL	SOL #	LA	SIb	SI
		X		X							

E disponiamo adesso le stesse note di un accordo distante un semitono (per esempio un semitono sopra) :

DO	DO #	RE	MIb	MI	FA	FA#	SOL	SOL #	LA	SIb	SI
		X	Y	X	Y						

Come si può notare la sovrapposizione produce quattro note distanti un semitono l'una dall'altra. Dunque preso un qualsiasi accordo contenente almeno un intervallo di un tono fra due delle note che lo compongono possiamo certamente dire che non esisiste mai una scala comune fra esso e lo stesso accordo traslato di un semitono (in modo discendente o ascendente).

Per esempio è inutile cercare una scala comune fra il FA7 e il MI7. Con il metodo della griglia o con quello dinamico comparativo potremo cercare cumunque le due scale da applicare all'uno e l'altro accordo tali che la variazione fra le scale sia minima.

Accordo contenente intervalli di 1 semitono

Immaginiamo ora di avere un accordo contenente intervalli di un semitono (per esempio un accordo di settima maggiore) :

DO	DO#	RE	Mib	MI	FA	FA#	SOL	SOL#	LA	SIb	SI
				X	X						

E disponiamo adesso le stesse note di un accordo distante un semitono (per esempio un semitono sopra) :

DO	DO#	RE	MIb	MI	FA	FA#	SOL	SOL#	LA	SIb	SI
				X	X	Y					
					Y						

Come nel caso precedente appare un tri-semitono. <u>Dunque preso un qualsiasi accordo contenente almeno un intervallo di un semitono fra due delle note che lo compongono possiamo certamente dire che non esisiste mai una scala comune fra esso e lo stesso accordo traslato di un semitono (in modo discendente o ascendente).</u>

Per esempio è inutile cercare una scala comune fra il FAmaj7 e il MImaj7.

Conclusione ?

Possiamo sempre trovare una scala comune fra due accordi uguali distanti un semitono a patto che tale accordo contenga intervalli di almeno un tono e mezzo fra una nota e l'altra dello stesso accordo.

118

Come si puo' vedere arriviamo a questa conclusione generale, prima ancora di applicare il metodo della griglia su due accordi specifici.

Ovviamente non sappiamo ancora nulla su queste scale comuni.

Vediamo dunque di fare un esempio.

Accordi minori

Prendiamo due accordi minori distanti un semitono, che contengono al massimo intervalli di un tono e mezzo : LAm e Sibm.

⚠ Attenzione, il LAm deve essere un LAm e non un LAm7 per esempio. Infatti il LAm7 contine il SOL e il LA (intervallo di un tono) dunque sappiamo già che non esiste nessuna scala comune con lo stesso accordo costruito un semitono più in alto.

Accordo	DO	DO#	RE	MIb	MI	FA	FA#	SOL	SOL#	LA	SIb	SI
LAm	♩				♩					♩		
Sibm		♩				♩					♩	
TOT	♩	♩			♩	♩				♩	♩	
scala	X	X			X	X		**X**		X	X	

Per completare la scala se non vogliamo ottenere dei trisemitoni non possiamo fare altro che aggiungere il SOL, visto che sia il FA# che il SOL# non possono essere utilizzati.

Otteniamo dunque la scala seguente :

DO – DO# - MI – FA – SOL – LA – Sib

Beh, una scala decisamente strana, anche perché quando siamo in LAm possiamo suonare il DO#, cosa alquanto strana essendo una terza maggiore suonata su un accordo minore.

Tale scala funziona benissimo, e conferisce ai due accordi delle sonorità tipiche della musica flamenco. Lo ripeto gli accordi non possono contenere la settima.

Accordi maggiori

Prendiamo due accordi maggiori distanti un semitono, che contengono al massimo intervalli di un tono e mezzo : LA e Sib.

⚠ Attenzione, il LA non deve essere un LA7 per lo stesso motivo visto in precedenza per gli accordi minori.

Accordo	DO	DO#	RE	MIb	MI	FA	FA#	SOL	SOL#	LA	SIb	SI
LA		♩			♩					♩		
Sib			♩			♩					♩	
TOT		♩	♩		♩	♩				♩	♩	
scala		X	X		X	X		**X**		X	X	

Per completare la scala, come nel caso precedente, se non vogliamo ottenere dei trisemitoni non possiamo fare altro che aggiungere il SOL.

Otteniamo dunque la scala seguente :

DO# - RE - MI – FA – SOL – LA – Sib

Si tratta di una scala di RE minore armonica.

120

Questo risultato era abbastanza prevedibile. In effetti sappiamo che il LA è un accordo dominante che evolve verso il Rem.

Un esempio concreto

Faremo ora uso di tutto quel che abbiamo visto e proveremo ad applicare questi algoritmi ad un brano esistente, puittosto complesso.

Non starò a precisare la durata delle battute, quel che interessa a noi è la successione degli accordi e il modo in cui questa successione viene interpretata utilizzando la teoria dei due semitoni.

In questa sezione non starò a calcolare le scale manualmente, ma mi limiterò a riportare il calcolo ottenuto mediante il software da me sviluppato.

Per semplificare la lettura dei risultati indicherò su ogni scala ottenuta la sua natura (melodica, armonica, naturale, semitono tono...).

Inoltre per questa sezione indicherò gli accordi con la notazione anglosassone in quanto il software si basa su questa notazione musicale (A, B, C..., G per LA, SI, DO... SOL).

Si tratta di un pezzo jazz molto complesso e molto bello. La melodia è semplice, ma non si puo' dire altrettanto per la griglia di accordi.

Eccola qui di seguito riportata :

Em7 | A7 | Fm7 | Bb7 | EbMaj7 | Abm7 |
Db7 | Dm7 | G7 | Ebm7 | Ab7 | DbMaj7 |
Dm7 | G9 | Cm7 | Bbm7 | Ebm7 | AbMaj7 |
Abm7 | Db7 | Gm7 | C7 | Abm7 | Db7 |
Gbmaj7 | Fm7 | Bb7

Il software che calcola le scale è fatto il modo tale da recuperare la lista di questi accordi, poi si esegue il calcolo e i risultati appaiono dopo qualche decimo di secondo.

L'algoritmo utilizzato è lo stesso visto già in precedenza e applicato al calcolo degli spostamenti tonali.

In sostanza si aggregano gli accordi finché non appare un tri-semitono. A quel punto si esclude l'accordo che lo ha provocato e si calcolano tutte le scale degli accordi precedenti.

Così facendo si prosegue sino all'ultimo accordo della griglia.

Ecco dunque il risultato :

Em7 | A7 :

DO# - RE - MI - FA# - SOL - LA - SI -
(naturale)

DO# - RE - MI - FA - SOL - LA - SI -
(minore melodica, superlocria..)

Fm7 | Bb7 | EbMaj7 :

DO - RE - RE# - FA - SOL - SOL# - LA# -
(naturale)

Abm7 | Db7 :

DO# - RE# - FA - FA# - SOL# - LA# - SI -
(naturale)

DO# - RE# - FA - FA# - SOL# - LA - SI -
(minore melodica, superlocria..)

Dm7 | G7 :

DO - RE - MI - FA - SOL - LA - SI -
(naturale)

DO - RE - RE# - FA - SOL - LA - SI -
(minore melodica, superlocria..)

Ebm7 | Ab7 | DbMaj7 :

DO - DO# - RE# - FA - FA# - SOL# - LA# -
(naturale)

Dm7 | G9 :

DO - RE - MI - FA - SOL - LA - SI -
(naturale)

DO - RE - RE# - FA - SOL - LA - SI -
(minore melodica, superlocria..)

Cm7 | Bbm7 :

DO - DO# - RE# - FA - SOL - SOL# - LA# -
(naturale)

Ebm7 :

DO# - RE# - FA - FA# - SOL# - LA# - SI -
(naturale)

DO# - RE# - MI - FA# - SOL# - LA# - SI -
(naturale)
DO - DO# - RE# - FA - FA# - SOL# - LA# -
(naturale)

DO - DO# - RE# - FA - FA# - LA - LA# -
(minore armonica)

DO - DO# - RE# - MI - FA# - SOL# - LA# -
(minore melodica | superlocria..)

DO - DO# - RE# - MI - FA# - SOL - LA - LA# -
(semitono tono)

AbMaj7 :

DO - RE - RE# - FA - SOL - SOL# - LA# -
(naturale)

DO - DO# - RE# - FA - SOL - SOL# - LA# -
(naturale)

DO - RE - RE# - FA - SOL - SOL# - SI -
(minore armonica)

Abm7 | Db7 :

DO# - RE# - FA - FA# - SOL# - LA# - SI -
(naturale)

DO# - RE# - FA - FA# - SOL# - LA - SI -
(minore melodica , superlocria..)

Gm7 | C7 :

DO - RE - MI - FA - SOL - LA - LA# -
(naturale)

DO - RE - MI - FA - SOL - SOL# - LA# -
(minore melodica, superlocria..)

Abm7 | Db7 | Gbmaj7 :

DO# - RE# - FA - FA# - SOL# - LA# - SI -
(naturale)

Fm7 | Bb7 :

DO - RE - RE# - FA - SOL - SOL# - LA# -
(naturale)

DO - RE - RE# - FA - FA# - SOL# - LA# -
(minore melodica, superlocria..)

Come si può osservare l'algoritmo, utilizzato per ogni successione di accordi che contiene scale comuni, non propone necessariamente una sola scala. A volte questo accade perché la scala comune è unica, e in generale si tratta di una scala naturale (minore o maggiore che sia).

In altri casi la presenza di più scale per un dato gruppo di accordi o per un accordo singolo ci consente di interpretare quella parte del brano in maniera piuttosto libera. Ma attenzione, gli altri musicisti devono essere sincronizzati e anch"essi suonare nello stesso modo e con la stessa scala.

Interessante il caso dell'accordo Ebm7 che da luogo a tante scale possibili. Esso è seguito da un AbMaj7 col quale nessuna scala è comune.

Ebm7 è dunque in qualche modo isolato. Come fatto in precedenza quel che ci può aiutare a scegliere la scala da usare è il confronto con le scale successive appartenenti al gruppo di accordi seguente per il quale si è spostato il centro tonale.

Dobbiamo allora scegliere la scala che rende massimo lo "score", ricordate ?

Bene mettiamo a confronto le scale derivanti dal Ebm7 e quelle ottenute dal AbMaj7 :

Ebm7	AbMaj7
DO# - RE# - FA - FA# - SOL# - LA# - SI -	DO - RE - RE# - FA - SOL - SOL# - LA# -
DO# - RE# - MI - FA# - SOL# - LA# - SI -	**DO - DO# - RE# - FA - SOL - SOL# - LA#**
DO - DO# - RE# - FA - FA# - SOL# - LA#	DO - RE - RE# - FA - SOL - SOL# - SI -
DO - DO# - RE# - FA - FA# - LA - LA# -	
DO - DO# - RE# - MI - FA# - SOL# - LA#	
DO - DO# - RE# - MI - FA# - SOL - LA - LA# -	

Senza andare ad eseguire il calcolo binario è abbastanza evidente che le due scale più simili sono quelle segnate in grassetto. Infatti per queste due scale la sola nota che cambia è il FA# da un lato (Ebm7) che diventa un SOL dall'altro (AbMaj7). Suoneremo dunque in tonalità di DO# maggiore quando siamo in Ebm7, e in tonalità di Ab maggiore quando siamo in AbMaj7.

⚠ Da notare che in questo caso per arrivare a questi risultati non abbiamo fatto scelte arbitrarie, ma sempre dettate dalle regole trattate nella sezione teorica, riproducibili e automatizzabili.

⚠ Possiamo invece adesso sperimentare e scegliere le scale che rimangono in maniera anche arbitraria, visto che abbiamo a disposizione molte possibilità espressive (scale armoniche, melodiche, naturali, semitono tono...). La cosa più semplice è quella di suonare (quando sia possibile) solo scale naturali. Ed ecco che le possibilità si riducono di molto :

Em7 | A7 :

DO# - RE - MI - FA# - SOL - LA - SI -
(naturale)

Fm7 | Bb7 | EbMaj7 :

DO - RE - RE# - FA - SOL - SOL# - LA# -
(naturale)

Abm7 | Db7 :

DO# - RE# - FA - FA# - SOL# - LA# - SI -
(naturale)

Dm7 | G7 :

DO - RE - MI - FA - SOL - LA - SI -
(naturale)

Ebm7 | Ab7 | DbMaj7 :

DO - DO# - RE# - FA - FA# - SOL# - LA# -
(naturale)

Dm7 | G9 :

DO - RE - MI - FA - SOL - LA - SI -
(naturale)

Cm7 | Bbm7 :

DO - DO# - RE# - FA - SOL - SOL# - LA# -
(naturale)

Ebm7 :

DO - DO# - RE# - FA - FA# - SOL# - LA# -
(naturale)

AbMaj7 :

DO - DO# - RE# - FA - SOL - SOL# - LA# -
(naturale)

Abm7 | Db7 :

DO# - RE# - FA - FA# - SOL# - LA# - SI -
(naturale)

Gm7 | C7 :

DO - RE - MI - FA - SOL - LA - LA# -
(naturale)

Abm7 | Db7 | Gbmaj7 :

DO# - RE# - FA - FA# - SOL# - LA# - SI -
(naturale)

Fm7 | Bb7 :

DO - RE - RE# - FA - SOL - SOL# - LA# -
(naturale)

Come possiamo osservare la scelta di suonare solo le scale naturali ci ha condotto immediatamente ad un risultato unico, non abbiamo cioè più nulla da scegliere: per ogni gruppo di accordi il metodo ci ha condotto ad una sola scala.

Ricordiamo che il passaggio delicato fra il Ebm7 e il AbMaj7 è stato risolto automaticamente massimizzando lo "score".

⚠ Non è facile spiegare questo procedimento, certo se si utilizza il software tutto è molto più semplice, lui fa tutti i calcoli per noi basandosi sui 3 principi armonici. Ma credo sia interessante capire la logica, perché molto spesso questi stessi calcoli possono farsi facilmente a mano, utilizzando una griglia, una matita e magari una gomma, cosa che ci permette di individure i cambiamenti di tonalità.

Quando poi abbiamo varie scale possibili possiamo cercare di compararle anche a occhio nudo per ottenere le scale più simili fra un centro tonale e l'altro.

In realtà però credo che la cosa più interessante non sia tanto quella di trovare le scale naturali, insomma quelle più semplici. Questo metodo può invece suggerire nuove vie armoniche e melodiche proprio andando a cercare similitudini fra accordi appartenenti (in apparenza) a centri tonali differenti, come abbiamo fatto per la successione FA, FAm.

Conclusioni

Che dire...

avevamo un obiettivo: trovare un metodo capace di individuare su una griglia di accordi le scale da utilizzare.

Credo che questo metodo ci consenta di farlo facendo astrazione totale delle teorie classiche dell'armonia, spesso complesse e difficili da capire, piene di regole piovute dal cielo, ma soprattutto poco traducibili in linguaggio informatico.

Come spiegare ad un computer che una stessa scala, a seconda da quale nota iniziale la suoni, ci conduce a modi diversi (scala dorica, frigia, misolidia...) e questo a cosa servirebbe ? Se mi metto nei panni di un computer ho certamente bisogno di partire da 2 o 3 principi molto semplici e di costruire tutto il resto di conseguenza.

Quando scoprii il secondo principio armonico mi dissi "come è possibile che sia tutto così semplice ? Che tutta l'armonia sia basata su un principio così banale ?"

E più passa il tempo più sono convinto che se chiami una scala in un modo o in un altro poco importa, sono le note che la compongono la cosa più importante. Stesso discorso per gli accordi. Il fatto che questa teoria funzioni così bene la dice lunga sul fatto che forse le relazioni armoniche non siano poi rette da una matematica ultra complessa, e che invece se ci concentrassimo sulla sensazione che la musica ci comunica, allora bisognerebbe scindere totalmente l'aspetto armonico, relativamente semplice, da quello percettivo, molto più complesso e pieno di mistero.

Indubbiamente abbiamo bisogno di categorizzare, di dare dei nomi alle scale e agli accordi, credo quindi che se questo metodo funziona è anche grazie al fatto che da un certo punto di vista siamo allenati e riconosciamo un accordo maggiore o minore, abbiamo la nozione di settima minore, ci districhiamo facilmente e riconosciamo subito sequenze di accordi (seconda quinta prima per esempio o il ciclo delle quinte...).

Ma il computer tutto questo non lo sa, e quando mi fornisce i risultati io rimango comunque e sempre meravigliato.

Pensare che per lui esiste solo il primo, il secondo e il terzo principio armonico mi riempie di gioia e, diciamolo, anche di un modestissimo senso di orgoglio.

Poi però ascolto la musica, quella vera, e capisco che non ho inventato nulla, e che i miei principi armonici sono solo, forse, un piccolo strumento messo al servizio della creatività musicale.

www.ingramcontent.com/pod-product-compliance
Lightning Source LLC
Chambersburg PA
CBHW060400290526
45791CB00002B/571